编委会

■ 江苏省中小学教学研究第十四期课题

■ 伊犁师范大学自治区教育系统铸牢中华民族共同体意识研究
  与实践基地大中小思政一体化协同创新研究项目

■ 兵团基础教育课题

探究·践履

跨学科主题教学设计

严龙梅　朱春晓　主编

江苏大学出版社
JIANGSU UNIVERSITY PRESS

镇 江

图书在版编目(CIP)数据

探究·践履：跨学科主题教学设计 / 严龙梅，朱春晓主编. -- 镇江：江苏大学出版社，2024.5
ISBN 978-7-5684-2153-9

Ⅰ.①探… Ⅱ.①严… ②朱… Ⅲ.①高中－教学设计－研究 Ⅳ.①G632.0

中国国家版本馆 CIP 数据核字(2024)第 064703 号

探究·践履——跨学科主题教学设计
Tanjiu·Jianlü——Kuaxueke Zhuti Jiaoxue Sheji

主　　编/严龙梅　朱春晓
责任编辑/梁宏宇
出版发行/江苏大学出版社
地　　址/江苏省镇江市京口区学府路 301 号（邮编：212013）
电　　话/0511-84446464（传真）
网　　址/http://press.ujs.edu.cn
排　　版/镇江文苑制版印刷有限责任公司
印　　刷/镇江文苑制版印刷有限责任公司
开　　本/710 mm×1 000 mm　1/16
印　　张/12.25
字　　数/250 千字
版　　次/2024 年 5 月第 1 版
印　　次/2024 年 5 月第 1 次印刷
书　　号/ISBN 978-7-5684-2153-9
定　　价/76.00 元

如有印装质量问题请与本社营销部联系（电话：0511-84440882）

序　言

党的十八大以来，特别是习近平总书记主持召开学校思想政治理论课教师座谈会以来，思想政治理论课在党中央治国理政战略全局中的地位日益凸显。2019 年 8 月，中共中央办公厅、国务院办公厅印发了《关于深化新时代学校思想政治理论课改革创新的若干意见》。2021 年 7 月，中共中央、国务院印发了《关于新时代加强和改进思想政治工作的意见》。2022 年 7 月，教育部等十部门印发《全面推进"大思政课"建设的工作方案》。以上文件均指明了课程思政建设在全国大中小学得到全面推进。

2021 年 9 月，笔者响应国家号召，参加镇江市"组团式"援疆行动，奔赴可克达拉市镇江高级中学（以下简称可中），开展为期三年的援疆工作。2022 年 4 月，新疆生产建设兵团第四师教育局印发《关于印发第四师可克达拉市思政示范校建设实施方案的通知》。笔者迅速响应，成立课程思政工作室，开展系列调研，着手突破现实困境，强化顶层设计，立体化推进课程思政建设。

一、课程思政建设的现实困境

（一）思维观念困境

教师普遍存在"思政课主要是思政教师的事"的思维误区，缺少"大思政观"。近年来，在基础教育教学中，针对各学科的核心素养培育，一线教师正践行着新课标中的"实施建议"，逐步由知识本位向素养本位转变。但与此同时，教师也常认为国家课程至上，国家课程是教学的"权威抓手"，是"国家规定的，不能动"，而课程思政只是实施国家课程的"花式"补充，只要思政课落实即可。不少教师担心在其他学科实施课程思政会耽搁学科教学进度，弱化学科地位，影响考试成绩。

（二）顶层设计困境

2019 年，中共中央办公厅、国务院办公厅印发了《关于深化新时代学校思想政治理论课改革创新的若干意见》，强调深度挖掘中小学语文、历史、地理、体育、艺术等课程蕴含的思想政治教育资源，解决好各类课程与思政课相互配合的问题，发挥课程的育人功能，构建全面覆盖、类型丰富、层次递进、相互支撑的课程体系，使各类课程与思政课同向同行，发挥好协同效应。

这就对学校管理层提出一个高层次要求——领导核心要潜心研究相关政策文件,全面领会课程思政建设文件精神,结合本校及区域特色,理性规划顶层设计。但在现实教学中,存在各方面的问题:缺乏想设计、能设计、会设计的核心领导;未确立清晰的课程思政理念和目标,以及课程性质和设计标准、课程结构和内容、课程实施指南和评价体系;对与课程相关的教师团队的校本研修等缺乏主题结构上的系统设计。因此,课程思政的教学实践存在碎片化、随意化、硬融入等问题。

(三)落地实施困境

课程思政的落地困境主要表现为组织条件、教学评价等不完善。这使得课程思政建设进展缓慢、质量不高,存在活动断点式、实施浅表化、机制不成熟等问题。

一是开展课程思政的支撑条件待完善。从时间上看,学校在课表上安排了课程思政特色课时间,但在实际操作中常被语文、数学、英语等高考优势学科挤占。从空间上看,课程思政主要局限于思政教研组内部备课、教学,尚未建立思政教师与其他学科教师的备课交流机制;尤其是未与语文、历史、地理、体育、艺术等学科有机整合,对构建全面覆盖、类型丰富、相互支撑的课程体系无明确规划。从师资上看,笔者所在地区思政教师流动性较强,数量不足,部分教师的水平也有待提升。思政教师在实施思政教学时易生搬硬套,教学方式缺乏有效性、针对性和情境性。

二是评价激励机制不完备。从教师角度看,探索课程思政教学创新的业绩未能得到充分肯定,比如专业技术职务(职称)岗位及绩效工资向思政教师适当倾斜、将思政教师在教学探索中发表的理论文章纳入学术成果范畴、加大对在实践创新中涌现的业绩突出的课程思政教师的宣传力度等激励机制还未启动。从学生角度看,课程思政学习实践情况未纳入学生综合素质评价考核,未作为学生评先评优重要标准,同时缺乏推动课程思政实践与学生社会实践、志愿服务活动相结合的有效举措,降低了学生在课程思政实践中的存在感、获得感。

近年来,笔者结合所在地区高中的特点,依托两地学校基础学科建设有力、骨干教师业务素质过硬、青年教师勤学乐思、校园德育活动丰富有效的优势,瞄准学生社团建设和校本课程盲区,紧扣"援疆情 兵团根 中华魂"的主题,在自己的援派单位江苏省镇江第一中学(以下简称省镇江一中)和可中立体推动校本化课程思政建设。

二、课程思政校本化建构与实施

（一）成立专业工作室，完善课程思政顶层设计

首先，成立以校领导为核心的课程思政工作室和宣讲团。校长亲自抓、带头讲，部门责任人具体抓、分类讲，带领教师系统学习党史国情，以及党和国家的教育方针、路线、政策，定期开展各学科教研组长、备课组长参加的课程思政专项研究工作。

其次，在课程思政现实困境调研的基础上，结合兵团第四师高中和镇江高中的特点夯实学校顶层设计，确定核心主题"中华民族共同体意识培育"，架构课程思政的三大类型：国家教材学科课程（基础课程）、综合主题延伸课程（延伸课程）、学生特色实践课程（特色课程）。

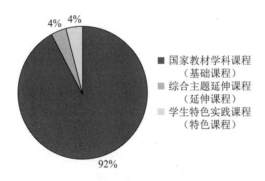

课程思政的三大类型

第一，国家教材学科课程，即依据高中各学科专业的内容，在发挥其显性的智育、美育、劳育、体育作用的同时，也要发挥思想政治教育潜移默化的隐性作用。借用习近平总书记在 2016 年全国高校思想政治工作会议上的讲话，即好的思想政治工作应该像盐，但不能光吃盐，最好的方式是将盐溶解到各种食物中自然而然吸收。这就要求把思政内容有机融入学科专业教学，达到育人的功效。

第二，综合主题延伸课程，其实施的前提是确定校本化跨学科教学主题。在研究中，我们主要确定的主题有：中国古代文明成就和优秀传统文化、近代中国革命文化和革命传统教育、民族精神的代表人物及其所体现的精神、习近平新时代中国特色社会主义、国家"大一统"、民族间的交往交融、中外交流、新型民族关系与民族团结教育、现代以来科技成就、劳动教育、兵团文化与兵团精神。在此主题框架下，省镇江一中的课题小组依托教务处，立足三个党支部，开展"赋能三课"研究，主要推进统编三科，即思想政治、历史、

语文组合的"三师课堂";可中深度挖掘统编三科与地理、艺术、音乐等学科蕴含的思想政治教育元素,致力于开展综合性跨学科主题延伸课程实践,探索跨学科主题教学多师课堂的典型样态。

第三,学生特色实践课程与教师引导的跨学科综合主题延伸课程相观照,结合新时代国家大政方针和教育部推行的各项政策、文化润疆方略、时事热点等,充分挖掘区域历史文化资源、兵团红色文化资源等,整体筹划实施具有区域特色的校本化实践活动。

(二)助推共同体成长,推动三大课程立体实施

1. 锁定核心价值理念,夯实国家教材学科课程

围绕核心主题"中华民族共同体意识培育",基于学科教材的一课一例进行融合,实践多点交融、情境创设、任务驱动、合作探究、检测巩固等教学流程。各学科教师在课堂教学中留心发现跨学科的交融点,采用微视频方式渗透日常课堂,通过基础课程公开课制,探讨细节,开展集体备课,实施学科基层共同体建设。

引进网络附加存储,建立"可中云盘"。对指向"中华民族共同体意识培育"的基础课程,在集体备课的基础上将课件、教案等成果及时上传云盘,加强集体备课资源过程性管理。学期末,对集体备课资源和成果进行归档,供全校师生参考使用。在解决以往备课资源存在的零、散、乱问题的同时,逐步建立了规范管理、集中存储的各学科校本化课程思政教学资源库。

2. 强化课程思政思维,践履综合主题延伸课程

(1)跨学科学习分享,探索教师成长新机制

由笔者领衔的课程思政工作室加强对课程思政推进的过程性管理,不断创新培育模式。我们以教育部发布的《中学教师专业标准》为依据,从《普通高中课程方案(2017年版2020年修订)》入手,统筹方案中有关校本课程、综合实践活动、跨学科主题研究的内容,推进青年教师成长模式创新,设计"三年专业任务清单"和"三年研修主题清单"。"三年专业任务清单"用具体目标制度助推青年教师的专业成长(从参与校级跨学科项目研修入手),使其在三年内能够迅速胜任教师工作;"三年研修主题清单"从专业理念与师德、专业知识、专业能力三个维度为青年教师设计了十二个模块和三十个研修主题(从参与课程思政的跨学科建设入手),研修主题由正高级教师、名师工作室主持人、学校处室负责人等自主承担。为切实推进清单落地,学校成立了青年教师成长联盟"子衿社",创设了骨干教师联盟"敏思讲坛"。学校通过课程思政项目化运作,发挥名师辐射作用,探索青年教师和骨干教师专业发展新模

式，完善教师专业发展保障机制。

（2）跨学科主题研修，发挥地区引领辐射作用

① 初级合作组推进

在实际研修中，不同学科教师自愿组成跨学科教学合作小组，在工作室的引领下锁定跨学科主题，然后付诸实践。

第一，合作确定主题。不同学科教师结成合作小组，在交流探究的基础上确立预研究的跨学科教学主题，完成线上表格填写工作。

第二，教学设计先行。课程思政工作室定期推送国家课程思政相关文件，召开线上线下研讨会。会上教师各抒己见、自由对话，针对选题的可行性、实践性提出自己的见解，帮助同伴完善选题，以确保教学设计撰写的方向性、可行性。而后，合作小组查找资料，根据教学设计模板，对课程标准的解读、教学目标的预设、教学内容的选择、教学过程的组织、教学环节的设定、教学方法的比较、情境的设置、问题的推敲等做了深度探讨，并撰写成文。

第三，延伸课程推进。定时定点专设延伸课。就打造学术共同体的角度而言，每位教师都要在研修平台上展示、推进自己的教学设计，践行自己的教学目标、主张，以便给所有参与者甚至学生提供学习、诊断、分析、反馈、修正的机会。学校在实践中摸索跨学科主题教学前进的方向，推动思想政治、语文、历史、地理、艺术等多学科教师合作。

② 高级研修组平台

2023 年 3 月 30 日至 31 日，苏忱、李月琴、唐琴等来自上海、江苏的专家及江苏省高中名师工作室成员一行 16 人，与兵团二师、五师、六师、七师、八师、九师、十一师、十二师等单位的 50 多名教师代表，以及新源县、霍城县、伊宁市等"华—伊高中联盟校"的 40 多名教师代表，齐聚可克达拉市，参加可中主办的指向"中华民族共同体意识培育"的课程思政跨学科主题教学项目研修活动。活动中，笔者做了《指向"中华民族共同体意识培育"的课程思政跨学科主题教学建构与实施》推介讲座。跨学科研修组齐心协力，展示了语文、历史、思想政治三科合作的"盛唐气象：华夏一体，和盛包容"，历史、思想政治、音乐三科合作的"三代兵团人　一脉兵团情"，语文、历史学科合作的"民族交融的诗歌记忆""从《书愤》中探寻家国情怀"等各具特色的跨学科综合主题延伸课程的研讨课。参会教师线上线下同步观摩，反响较大。

2023 年 9 月 12 日至 14 日，第十二届"可克达拉·镇江"教学周成功举办。活动期间，笔者做了《指向"中华民族共同体意识培育"的跨界主题教学深度探究》主题讲座。语文与思想政治学科合作开设研讨课"国风何以成

潮——正确认识中华优秀传统文化"，历史和地理学科合作开设研讨课"卡伦——锡伯族'西迁'精神的写照"。四位教师为大家呈现了精彩的跨学科主题延伸课。延伸课程的前瞻性、探讨性使与会专家、同仁感到震撼，特别是镇江专家团中的吴铁俊书记（省镇江一中"赋能三课"的推进者、实施者）表示其探索性给镇江同类学校以启示性、指引性。这不仅仅是一次尝试，更是可中走向高质量、综合性教学前沿的一次历史性跨越。

延伸课程围绕核心主题，基于跨学科多师课堂教学，从跨学科主题、教学组织形式、情境设置效果、教学目标达成等诸多方面探讨、论证思想政治、历史、语文、地理、艺术等学科综合主题延伸课程的实施路径，从而推动教师观念和思维的转变、教学艺术的提升、共同体协作能力的发展，实现课程思政创新实践力的跨越。

③ 前瞻性引领辐射

2023 年 1 月，笔者发表的《高中课程思政建设的困境与校本化实践创新》引起关注。3 月，指向"中华民族共同体意识培育"的课程思政跨学科主题教学项目研修活动成功举办后，兵团第七师胡杨河市教育局和第十一师教育局分别在 4 月和 5 月仿照可中跨学科主题模式开设跨学科主题探究活动，并邀请可中跨学科教学团队赴第七师胡杨河市、第十一师观摩点评。其间，笔者开设专题讲座，指向"中华民族共同体意识培育"的课程思政跨学科主题教学影响力持续增强。2023 年 6 月 21 日，《中国教育报》以"'润'心教育，从心出发"为题，大篇幅报道可中课程思政跨学科主题教学研究工作的开展实施情况及成效。

（3）力邀专家点评研磨，筹划物化成果出版

① 艺术历史融合示范

笔者于 2022 年出版《一看就懂的二战史——"时政漫画"解读与探究》一书。此书精心选择二战时期的时政漫画，用"漫画艺术"与"历史"相融合的方式叙述二战史，引导学生合作探究，特别强调了世界反法西斯战争、抗日战争激发了中华民族强烈的民族自觉意识，引导读者立足和平与发展，理解构建人类命运共同体的伟大意义。

② 物化成果推进出版

为深化校园文化内涵建设，推动教师专业进阶发展，两年来课题组锁定"中华民族共同体意识培育"这一核心主题，组织教师多学科、宽领域、立体化推进跨学科主题教学设计子项目。各学科教师集中探究语文、思想政治、历史、地理、艺术等学科蕴含的思想政治教育元素，在推进教师跨学科主题教学设计、实践的同时，对项目成果反复研磨，择优进行汇编。在初稿

形成后，课题组邀请江苏、上海知名专家参加线上和现场点评修改工作，不断完善书稿。

3. 挖掘区域特色文化资源，统筹学生特色实践课程

锁定"中华民族共同体""中华优秀传统文化""社会主义核心价值观"等主题，结合学生特色实践课程的优化思路，将特色课程理念、课程主线、实践活动领域、实践活动项目（社会实践项目、兵团特色项目、跨界融合项目）、主题活动等串联起来，并在实践中领会素养导向的课程改革理念和《中小学综合实

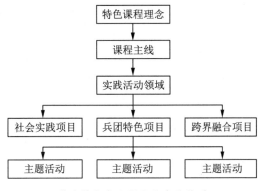

学生特色实践课程的实施体系

践活动课程指导纲要》所强调的基本原则等。以此为前提，明确内容开发主线，筛选统筹有关"中华民族共同体意识培育"的资源，设定实践活动项目，细化活动主题，推进特色实践项目，在活动过程中不断更新主题，形成校本化特色实践课程的基本内容体系。

（1）创作"润心"文艺作品

推动摄影、美术、文学等方面的社团围绕主题进行联动，开展为期一年的"润心"文艺作品征集活动。2022年主题为"最美可中　独家记忆"，鼓励学生们用心观察不同时段的校园，感受光与色的交融，追逐时间的脚步，用书画、诗词等抒发对"援疆林"、"润心植绿　和融共进"校训石等校园特色景观的喜爱和赞美之情。2023年主题为"'艺'初心，画兵团"。学生根据历史照片、兵团英雄的荐读文稿、新时代兵团城市文化的建设等，创作自己心中的兵团建设场景、人物书画……学生用中国画、水粉画、水彩画及诗歌等抒发对兵团建设和大美新疆的崇敬之情。2024年主题为"总有一个时光因你而绽放——可中廿四节气签"，鼓励师生在传承"二十四节气"千年智慧、理解其文化内涵的基础上，表达在自然节律变化中的所见所思，有效推动中华优秀传统文化的创造性转化、创新性发展……在社团推进的基础上，学校每年12月底择优汇编绘画、文学、篆刻等"润心"文艺作品，通过台历、明信片、书签等方式呈现，传送到师生的手中，让中华优秀传统文化为青春赋能，提升"润心"校园的文化内涵。

（2）征集"家话"

锁定区域革命文化与兵团精神等主题，组织全体师生、家长开展"家话"

征集活动。一张记录岁月变迁的老照片、一枚摩挲得发亮的革命勋章、一张保存完好的荣誉证书、一个饱经风霜的老物件……师生们用文字连接起一段段有声有色的故事。例如，周钰琪同学讲述66团的姥爷在大年三十为连队拉冰解决吃水难题的事迹；吾德尼格瓦讲述74团的姨父在边境线上护边的事迹；张潘禹同学讲述曾祖父献身解放全中国和社会主义建设事业的事迹……几百篇来稿讲述的是革命和建设年代的典型事例、亲情故事，它们是红色英雄的事迹，是广大党员的事迹，亦是兵团人扎根边疆屯垦戍边的动人事迹。

（3）设置润心"书信+"驿站

受"互联网+"的启发，省镇江一中和可中设置了润心"书信+"驿站。活动从两方面入手。一是全体师生家长向校公共信箱荐读中国传统书信，特别是近现代以来中国革命的红色书信、兵团书信等。师生每个月共同荐读一篇传统书信，内容涉及情怀、自律、合作、成长、人格、责任、理想等中学生核心素养培育的各个方面。书信推介由荐读理由、书信原文（译文）、作者简介、探微索迹、品读感悟等内容构成，旨在促进师生对书信名篇和兵团特色家书的品读欣赏，让学生在书信陈迹中窥见书写者的真情挚性，体察名家或普通兵团人在书信中所展现的美好人情、人性和人格，在潜移默化中形成适应终身发展和社会发展需要的必备品格和关键能力。学校还将这些信汇编成集，定名为"尺素传情 名信润心——聚焦中学生精神成长"。二是基于兵团评选出的"新中国屯垦戍边100位感动兵团人物"，开展给兵团英雄写信的书信"漂流"活动。学生陆续写了几十封信，如《给王震将军的信》《给老军垦闫欣秋爷爷的信》等。学生积极借助现代信息技术，以班级微信群、QQ群、学校微信公众号等为渠道进行交流。"书信+"驿站拉近了师生、生生，以及家长与孩子的距离。学生读着过去的信，写着现在的情，更好地看到了现在的幸福生活，获得了良好的情感熏陶和美学享受。同时，这也培育了学生的积极品质，增加了学生的人生智慧。

2023年5月至9月，学校深入开展镇江市、可克达拉市两地青少年"书信+"驿站交友活动。活动以铸牢中华民族共同体意识为主线，以抓紧抓实民族团结教育为基础，借助对口援疆机制和平台，推动两地青少年"万里鸿雁传真情"书信手拉手活动，促进两地青少年的交往、交流、交融。

（4）传咏"军垦战歌"

在学生特色实践课程推进过程中，音乐组与语文组、历史组分工协作，汇总梳理有关兵团建设的经典词曲及其创作背景等，将《凯歌进新疆》《草原之夜》《边疆处处赛江南》《中华儿女志在四方》《戈壁滩上盖花园》《兵团的心》等纳入跨学科主题教学课程。在此基础上，高一、高二年级以"军垦战

歌咏流传　红色精神续血脉"为主题,以班级为单位,组织诵唱活动,给全校带来规模宏大的视听盛宴。在实践中,兵团歌曲以强大感染力作用于师生的情感、道德、理想,激励了师生对道德美的追求,同时也彰显了师生对兵团文化内核理想美、信仰美的坚守。

(5)策演校园舞台剧

校园舞台剧综合性、艺术性强,形式丰富多样,是校园文化水平的高度展现,而校园文化既是学校科学发展的根基和灵魂,也是课程思政育人的重要载体。

2022年5月和2023年6月,可中开展了"金山杯"经典作品舞台剧表演赛。舞台剧部分取材于新中国屯垦戍边感动兵团人物的事迹,有原创,也有改编。从剧本策划、撰写、修改,到班内自主报名、班委会选角,再到挑选服装、制作道具、排演,一个个性格鲜明的人物在同学们的倾心演绎中惟妙惟肖地再现于舞台,让大家领略到经典剧作魅力不减,兵团精神历久弥坚。校园舞台剧还进一步激发了学生阅读国学经典的热情,为传承中华优秀传统文化再添助力。一系列实践从思想、心理、人格等方面满足了学生不同层次的需求,展现了兵团学校的精神风貌,是对科学文化学习有益的补充与延伸。

(6)开展暑期研学

2021年6月至7月,可中开展第三届夏令营研学实践教育活动。2023年7月至8月,可中开展第四届夏令营研学实践教育活动。可中研学工作组制订严密化方案,强化教师精准化管理,落实基地精细化安排,保障江南研学活动顺利开展。研学活动如下:一是游览名胜古迹,如焦山、金山、西津渡、瘦西湖、拙政园;二是相约南京,游览中山陵,参观侵华日军南京大屠杀遇难同胞纪念馆;三是参观博物馆、影视城等,如上海自然博物馆、镇江醋文化博物馆、无锡水浒影视城;四是到学校和当地学子交流学习生活,如省镇江一中参与"万里鸿雁传真情"书信手拉手的学生参与接待,从通过书信隔空交流到现场面对面沟通,两地学生分外激动;五是进行实践拓展,如参观光大环保公司、东方明珠广播电视塔、诚品书店、中华恐龙园、防险避灾体验馆;六是感受江南生活,如漫步上海南京路、苏州平江路、无锡南长街等,体会喧嚣中的一方恬静与美好。

研学旅行是活生生的"课堂",是学校学习生活的延伸,有助于学生陶冶情操、增长见识、认知社会、体验集体生活、培养实践能力、提高学习兴趣、提升综合素质。

清华大学终身校长梅贻琦曾说:"学校犹水也,师生犹鱼也,其行动犹游泳也。大鱼前导,小鱼尾随,是从游也,从游既久,其濡染观摩之效,自不求而至，不为而成。"

　　入疆后，笔者一直分管可中教育教学工作，深知团队成员的思想观念、教育情怀、工作作风等都在有形无形地影响着师生的精神状态和教育教学效果。笔者与团队成员不断刷新持续学习力、深入思考力、沟通合作力、教科研能力、行动感召力。只有这样才能做到"智者不惑，仁者不忧，勇者不惧"，才能拥有将社会现代化、教育现代化与自身现代化融为一体，与时代融为一体的能力。

　　相信步履不停的我们，未来永远可期。

严龙梅

2022 年 8 月成稿

2024 年 1 月 1 日修改

目 录

❶ 玉门关的前世今生 [1]

▶▶ 课程标准

1. 感受和体验文学作品的语言、形象和情感之美，能欣赏、鉴别和评价不同时代、不同风格的作品，具有正确的价值观、高尚的审美情趣和审美品位。[2]（语文）

2. 了解中国古代的民族政策和边疆管理制度，认识中国作为统一多民族国家的发展历程，以及中国古代处理对外关系的机制。[3]（历史）

3. 区别自然遗产和文化遗产基本概念，结合实例说明保护世界遗产的意义和方式。[4]（地理）

▶▶ 教学立意

玉门关是中国古代主要贸易通道的重要关隘，是我国宝贵的物质文化遗产。了解玉门关的前世今生能开阔视野，培育历史意识，增强家国情怀。

▶▶ 学习目标

1. 了解古诗文的欣赏方法，感受古诗文中玉门关的形象，理解有关玉门关的古诗文的语言表达，把握古诗文中玉门关的内涵，明确不同时期作者在创作中提及玉门关的意图。

2. 了解古代中央政府在边疆设置机构、开通贸易等史实，认识玉门关作为重要关隘在历史上的地位与作用。

3. 了解汉长城玉门关段的现状，结合当地环境提出保护措施。

4. 运用语文、历史、地理学科的观念、知识与方法对玉门关作为商贸通道的历史价值和当代价值等开展持续探究，发展跨学科理解及核心素养。

▶▶ 教学策略

本课设置"以象达意——从古诗文中看玉门关""以古鉴今——从历史中看玉门关""以迹寻秘——从现实中看玉门关"三个篇章突破主题。

语文学科授课，从古诗文入手，解读玉门关的形象特点和情感意蕴。

1　设计者：李贵荣，可克达拉市镇江高级中学语文教师；吕艳艳，可克达拉市镇江高级中学地理教师，兵团第四师可克达拉市教坛新秀；张丽赟，可克达拉市镇江高级中学历史教师。

2　《普通高中语文课程标准（2017年版2020年修订）》，人民教育出版社，2020，第6页。

3　《普通高中历史课程标准（2017年版2020年修订）》，人民教育出版社，2020，第23页。

4　《普通高中地理课程标准（2017年版2020年修订）》，人民教育出版社，2020，第21页。

历史学科授课，通过落实边疆治理，推动统一多民族国家的巩固和发展的史实，分析玉门关在拱卫边疆和商贸交流上的重要地位。

地理学科授课，对玉门关遗址作为世界文化遗产所反映的历史信息形成准确的认识，掌握世界文化遗产保护的方式和意义。

三科围绕"玉门关的前世今生"自然衔接，融会贯通，使学生深入理解玉门关在我国统一多民族国家边疆治理和中华民族共同体意识培育中的重要意义。

▶▶ 教学重难点

重点：不同时期玉门关的形象特点及其蕴含的情感，玉门关在统一多民族国家中的重要地位。

难点：世界文化遗产保护的方式和意义，玉门关地理位置的沿革和价值功能的演变。

▶▶ 教学设计

课堂导入 🔗

材料1　丝绸之路路线示意图。[1]

丝绸之路路线示意图

汉唐以来，欧亚大陆之间主要通过汉代张骞开辟的西北丝绸之路进行商贸往来。除了西北丝绸之路外，古代欧亚大陆还存在其他重要的商路。这些重要商路大多以玉门关、阳关为分界点。其中，玉门关始置于汉武帝开通西域道路、设置河西四郡之时，之后玉门关便成为古代重要的军事关隘和丝路交通要道。

【设计意图】

专题性历史地图能够反映历史事件的过程或历史现象的内容。教师引导学生围绕地图，从整体到局部把握玉门关的具体地理位置，使学生对玉门关有更加直观的认识，同时培养学生的空间观念。

1　《普通高中教科书　历史　选择性必修3　文化交流与传播》，人民教育出版社，2020，第51页。

探究·践履——跨学科主题教学设计

教学过程 ❀

篇章一　　以象达意——从古诗文中看玉门关

【情境创设】

材料2　夫象者，出意者也。言者，明象者也。尽意莫若象，尽象莫若言。言生于象，故可寻言以观象；象生于意，故可寻象以观意。意以象尽，象以言著。故言者所以明象，得象而忘言；象者所以存意，得意而忘象。[1]

材料3　与玉门关有关的古诗文。[2]

作品、作者	内容	玉门关的特点和情感意蕴
乞归疏 （东汉　班超）	臣不敢望到酒泉郡，但愿生入玉门关	①
凉州乐歌二首·其二 （北魏　温子昇）	路出玉门关，城接龙城坂。但事弦歌乐，谁道山川远	②
子夜吴歌·秋歌 （唐　李白）	长安一片月，万户捣衣声。秋风吹不尽，总是玉关情。何日平胡虏，良人罢远征	③
塞上曲二首·其二 （唐　戴叔伦）	汉家旌帜满阴山，不遣胡儿匹马还。愿得此身长报国，何须生入玉门关	④

【任务驱动】

围绕"分析玉门关'象'的特点"的核心任务，设置以下问题链：

1. 阅读材料2，结合所学知识，归纳解读古诗文的常用方法。

2. 解读材料3中有关玉门关的古诗文，简要分析"言"中玉门关之"象"的特点。

【学生探究】

1. 学生通过探究"言—象—意"的递进关系掌握解读古诗文的常用方法，自主探究，高度概括。

解读古诗文的常用方法：以言立象，以象达意。

通过"言"把握"象"，从"象"中揣摩"意"。"象"一般是一望而知的；"意"往往不是一望而知的，需要体会和揣摩。要先把握"象"的特点与联系，再把握蕴含在"象"中的"意"，进而把握作品的"意脉""意境"。

1　党圣元、陈民镇：《王弼集》，河南大学出版社，2018，第147—148页。

2　石云涛：《唐诗中的玉门关意象》，《河南教育学院学报（哲学社会科学版）》2018年第5期。

2. 学生运用赏析古诗文的方法，由"言—象—意"梳理、概括、总结玉门关的特点和情感意蕴。

① 一入关门，便有落叶归根之感。玉门关是中原赴西域的经行之地。

② 玉门关是古代中国通往西域的重要门户，交通繁忙。

③ 玉门关在汉代是边塞的象征，思念戍守边关的将士之情被称为"玉关情"。

④ 玉门关代表着建功立业的豪情，抒发了作者的爱国思想。

教师总结：玉门关，一座屹立在边陲的赫赫雄关。它充满了神奇的魔力，引得历代文人墨客魂牵梦萦、反复吟咏。雄关的沧桑由此被留在不朽的字里行间，也成为中国文化一个具有独特意义的意象。在唐代边塞诗中，诗人常借玉门关来表达情感。古代许多歌颂玉门关的诗篇，至今仍在被传唱。

【设计意图】

教师通过引导学生探究解读古诗文的方法，提升学生鉴赏分析古诗文的能力。学生在反复诵读的过程中体味古诗文遣词造句之精妙，从而增加语言积累，提高语言表达能力。教师选取汉朝、北魏、唐朝等不同时期有关玉门关的诗文，引导学生结合创作背景和丝绸之路路线示意图展开合理的想象，以更具抽象性、创造性的思维和更全面的视角来进行解读，体悟其"意脉""意境"；挖掘古诗文的传统文化内涵，带领学生开启一场文化寻根的旅程，帮助学生获得饱满的情感体验，领略中华文化的博大精深和独特魅力，以汲取民族文化智慧，坚定民族文化自信。

篇章二　以古鉴今——从历史中看玉门关

【情境创设】

材料 4　解读史料，获得历史认识，探寻史料表象背后的意蕴，是历史学的魅力所在。下表展示了玉门关的历史变迁。

时间	概况
西汉	玉门关作为汉长城的西起点，始筑年代应在公元前 111 年。后为配合汉武帝西方战略的需要，西迁至敦煌郡西北。两汉之际，中原文化通过玉门关、阳关大面积传播到河西走廊，河西走廊的文化开始繁盛起来。与此同时，佛教文化也从西域传入中原1

1　李并成：《玉门关历史变迁考》，《石河子大学学报（哲学社会科学版）》2015 年第 3 期。

时间	概况
东汉至唐	公元 74 年，玉门关东移至今瓜州双塔堡附近。玉门关形势险要，成为汉唐向西域出兵和防御西域军队进攻的前沿关隘。唐太宗击败东突厥和西突厥后，河西走廊的商队和使者络绎不绝，长安城成为国际化大都市，都城生活融合了西域风尚
五代至北宋	玉门关从瓜州双塔堡东迁约四百里，又返回到最早的关址石关峡。公元 1036 年，西夏占领河西走廊，玉门关从此销声匿迹。虽不再承载实际的军事意义，但玉门关作为一个固定的诗歌意象一直活跃在文学作品里
元	元朝建立后，东西交通大开，中断了数百年的丝绸之路恢复畅通。元朝沿丝绸之路旧基开辟了通往西方的驿运大道，沿途设立驿站，由边防直通京师
明	在古玉门关地域建嘉峪关。弘治年间，吐鲁番从西域多次进攻河西，嘉峪关开始闭关，由通商口岸变成军事边关 [1]

【任务驱动】

围绕"边疆治理与民族意识"的核心任务，设置以下问题链：

1. 汉代以后，玉门关既是边关也是战场，每每成为用武之地，与功名紧密关联。根据材料 1 并结合所学知识，说说汉唐在经略西域时采取了哪些措施。

2. 我国历代都极为重视边疆地区的保卫和开发。请结合所学内容，探讨历代不同民族之间以哪些方式交往、交流、交融。

3. 根据材料 4，结合中国古代史相关知识，简述其中的历史现象并得出结论。（要求：结论明确，表述清晰。）

【学生探究】

1. 学生回顾汉唐时期的民族关系，小组讨论，高度概括。

（1）设四郡，包括敦煌郡、酒泉郡、武威郡、张掖郡。

（2）列两关，包括阳关、玉门关。

（3）册封地方首领，颁发印绶。

（4）移民实边。

（5）设置机构：汉朝设置西域都护府，唐朝设置安西都护府和北庭都护府。

2. 学生在教师的引导下结合所学知识概括不同民族之间交往、交流、交融的主要方式。

（1）战争。

（2）和平：发展边境贸易、互市；和亲、会盟、册封、通贡；设立专门

1　潘竟虎、潘发俊：《汉代以后玉门关位置及丝路古道变迁考》，《普洱学院学报》2013 年第 5 期。

管理机构；修筑长城；移民实边。

3. 学生在教师的引导下通读材料、明确主题，然后通过小组合作的方式提取信息、加工处理。

示例：玉门关在历史上的功能并不是单一的。玉门关地势险要，是向西域出兵和防御西域军队进攻的前沿关隘。这是玉门关的军事功能。除此之外，玉门关还有商业功能和文化功能。两汉之际，中原文化通过玉门关、阳关大面积传播到河西走廊，河西走廊的文化开始繁盛起来。与此同时，佛教文化也从西域传入中原。唐太宗击败东突厥和西突厥后，河西走廊的商队和使者络绎不绝。北宋景祐三年（1036），西夏占领河西走廊，玉门关不再承载实际的军事意义，但作为一个固定的诗歌意象一直活跃在文学作品里。从中国统一多民族国家形成的历史进程来说，玉门关作为一个重要枢纽，为后世农牧商贸的互通有无、文化边界的消弭等提供了基础和前提，对人类命运共同体的构建也有重要的借鉴意义。

【设计意图】

教师通过引导学生阅读史料和分析地图，锻炼学生从图中提取有效信息及提炼观点的能力，并在此过程中强调历代中央政府对于管辖与治理边疆的重视，增强学生家国一体意识和民族自信心。教师依据表格梳理玉门关在不同时期地理位置的变迁，帮助学生认识在不同时空中玉门关所发挥的作用，培养学生提取史料关键信息、建构时空关联、探寻因果关系等方面的能力，提高学生利用唯物史观解释历史的能力。教师借助史料分析调动学生的综合思维能力，让学生认识到不同民族间的交流互补推动了中国统一多民族国家的形成与发展，帮助学生树立正确的人生观和价值观。

> 篇章三　　以迹寻秘——从现实中看玉门关

【情境创设】

材料5　汉长城玉门关段遗址是今天在河西走廊上的汉长城中保存最为完好的一段，轮廓清晰，结构完整，但墙垣裂缝较多。城垣由黄土夯筑而成。夯土筑城是汉代我国北方通行的筑城方式，而汉长城玉门关段遗址是反映早期城防规制、做法的典型实例。遗址周围分布的文化遗存出土文物丰富，是研究河西开发史宝贵的实物资料。[1]

1　邸玮：《汉长城玉门关段遗址保护规划研究》，硕士学位论文，西安建筑科技大学，2007，第48页。

【任务驱动】

围绕"保护玉门关遗址的方式和意义"的核心任务，设置以下问题链：

1. 据材料5并结合已有知识，指出汉长城玉门关段遗址作为旅游资源的价值。

2. 据材料5指出汉长城玉门关段遗址现状，结合其所处环境简析影响该遗址现状的主要因素。

3. 说一说保护汉长城玉门关段遗址的意义。

4. 说一说现阶段对汉长城玉门关段遗址进行保护与合理开发的措施。

【学生探究】

1. 学生在地理教师的引导下阅读材料，小组讨论，高度概括。

玉门关遗址作为世界文化遗产，具有较高的历史文化价值、科学价值、经济价值等。

2. 学生阅读材料，小组讨论，高度概括。

现状：汉长城玉门关段遗址保存相对完好，但墙垣裂缝较多，存在进一步遭受破坏的风险。

影响现状的主要因素：黄土夯筑，本身抗风化和侵蚀的能力弱；地处内陆，气候干旱，光照强烈，昼夜温差大、年温差大，物理风化作用强，风沙活动频繁；降水稀少，主要集中在夏季，墙体易受雨水侵蚀；不合理的人类活动破坏遗址周围的自然环境，加剧侵蚀。

3. 学生结合已有知识进行小组讨论，高度概括。

保护文化遗产就是保护人类文化的传承，有助于培植社会文化的根基，维护文化的多样性和创造性，促进社会不断向前发展；世界遗产有重要的科学价值、历史文化价值、经济价值等，只有把它保护好才能更好地发挥其价值。

4. 学生小组讨论，教师引导归纳。

保护措施：建立必要的汉长城玉门关段遗址监控和管理体系；定期检查修缮；完善遗址保护法律法规；加强宣传教育，提高游客保护世界文化遗产的意识；设立遗址保护专用资金。

合理开发措施：充分发掘汉长城玉门关段遗址的文化底蕴，开发优质旅游产品；加强与周边知名度高的敦煌、嘉峪关等地的联合宣传，提升汉长城玉门关段遗址旅游的品牌效应和影响力；结合当地自然环境，开发具有地方特色的旅游项目；完善基础设施建设，提高旅游接待能力。

【设计意图】

教师引导学生通过材料了解汉长城玉门关段遗址的旅游价值和现状，在此基础上合作探究遗址的保护和开发措施，培养学生从材料中获取信息和分析问题的能力，培养学生的区域认知、综合思维，培养学生的地理实践力与人地协调观。

▶▶ 课堂小结

玉门关是古代丝绸之路上的重要关隘，承载了中华民族不畏艰险、不畏强敌、开放进取、顽强奋斗的精神，引得历代文人墨客魂牵梦萦、反复吟咏。汉时，玉门关就是诗文中的常见意象。唐人继承了这一文学传统，赋予玉门关更丰富的文化意蕴，表达了壮烈的家国情怀，展现出历史的沧桑和个人的情感。

同时，玉门关作为中国历史上中西方交流、交往的通道之一，具有重要的历史地位和历史意义。玉门关所在之地曾属匈奴，因此"玉门"一词经常出现在古人对异域的想象中。若说战争时期的玉门关是当之无愧的军事要塞，那么在和平时期它亦是繁荣与兴盛的象征。汉武帝列四郡、置二关，在切断羌人与匈奴各部联结的同时也确保了中原政权与西域诸国（如大宛、康居、大月氏、大夏、乌苏）的正常交往。随着汉王朝对河西走廊控制的加强，中原与西域诸国的交通愈发畅通，由此衍生出的贸易之路在后世被誉为"丝绸之路"。丝绸之路自敦煌而出，一路西行，玉门关是必经之地。东西方文化在这里交流与碰撞，伴随着由远及近的驼铃声。

揆诸当下，我们应对玉门关遗址的保护及开发建言献策。相信在社会各界的共同努力下，玉门关遗址能够更好地得到保护和利用。希望新时期的玉门关，依旧灿烂耀眼。

▲ 反思感悟

本课利用地图、表格等多种资料，激发学生的学习兴趣和参与意识。学生在多媒体的辅助下，将阅读与分析材料相结合，归纳概括所需信息并进一步思考探究。学生在探究过程中采取自主探究与小组合作探究相结合的方式，这符合学生的认知规律，有助于学生思维的对话和碰撞。

意象是解读古诗文尤其是诗歌的基础元素、重要信息。本课引导学生在质疑、讨论、合作探究中准确抓住意象，理解意象与意境，进而在"象"与"意"的解读中掌握鉴赏路径，提高审美情趣。在语文教学中，教师将诗歌作为前置性作业，让学生提前预习，再以学生所学知识为基础，通过"言"来引导学生思考问题、合作讨论问题和解决问题。从课堂效果来看，以学生为中心的理念得到了很好的体现，各种教学方法的应用也能有效地帮助学生进行课堂学习，基本达到了教学目标。但在从意象到意境的鉴赏分析中，还可以通过追问不断激发学生的联想与想象，用通俗的语言来理解"意脉""意境"等。在历史教学中，玉门关的相关知识点在新旧教材中均有所体现，所以需更加注重对史料的甄别，并简明扼要地提出问题。要在对史实有所了解的基础上，加深学生对玉门关的历史感悟。在地理教学中，通过分析、实际操作、测试等方式来达到掌握知识的目的，使学生参与到教学中来，营造了良好的学习氛围。由于学生在以往的学习环境中较少接触跨学科的教学方式，因此个别知识点，以及点拨的深度和广度需要进一步斟酌，个别细节需要进一步完善。在今后的教学过程中，我们会加大对新教材、新课标尤其是学科核心素养的研究，提高自身本领，充分备课，带给学生更精彩的课堂。

专家点评

本课主题重大，意义重大，能高度体现中华民族共同体意识的培育。以语文、历史、地理三科融合的方式设计与开展教学，以"玉门关的前世今生"为主题，对玉门关作为古代重要商贸关口、军事要塞的历史价值和当代价值等开展持续探究，可发展学生的跨学科理解能力，提高学生的核心素养。

语文教师引导学生了解解读古诗文的方法和精读不同时期有关玉门关的古诗文，使学生深刻感受古诗文中玉门关的形象，把握古诗文中玉门关的情感内涵。历史教师引导学生依据表格梳理玉门关在不同时期地理位置的变迁，帮助学生认识玉门关在不同时空中发挥的作用，提高学生利用唯物史观解释历史的能力。地理教师通过材料引导学生了解汉长城玉门关段遗址的旅游价值和现状，培养学生的区域认知和综合思维。

需要特别注意的是，跨学科实践探究的作业应该有这样的特征：形式喜闻乐见，是学生真正可以做的事情，而不是文字摆设；学生有感悟体验，能回到过去的场景，对历史心存温情与敬意；能调用跨学科素养整合事物，找到意义感；能弥补教师教学力结构中活动设计的短板。

（点评人：唐琴，正高级教师、特级教师）

2 # 认识中国传统文化中的天干地支纪年法[1]

■ 课程标准

1. 了解中华优秀传统文化的内涵，从人类文明发展和世界文化交流的角度认识中华优秀传统文化的特点和价值，认识中华文化的世界意义。知道有关历法的知识，了解主要的历史纪年方法。[2]（历史）

2. 通过判断、分析与综合各种信息资源，运用合理的算法形成解决问题的方案。[3]（信息技术）

■ 教学立意

天干地支是记载时间的文字符号，是我国古代劳动人民创造的纪时、纪日、纪月、纪年的历法，是中国传统文化的重要组成部分。

■ 学习目标

1. 了解中国传统文化中的天干地支纪年法，知道十天干、十二地支、十二生肖、天干地支的 60 种排列组合规律；了解含有天干地支纪年的重大历史事件（如辛酉政变、甲午战争、戊戌变法、庚子赔款、辛丑条约、辛亥革命）；了解在中国古代文学艺术作品中天干地支纪年法的应用。

2. 在理解天干地支纪年与公元纪年转换规律的基础上设计算法，并用 Python 编写代码，实现将公元纪年转换成对应的天干地支纪年及生肖属相。

3. 以"认识中国传统文化中的天干地支纪年法"为主题，运用历史、信息技术学科的观念、知识、方法对天干地支在传统文化的表现、运用及纪年规律等开展持续探究，发展跨学科理解，寻找解决问题的方法，培育核心素养。

■ 教学策略

本课设置"追寻——近代事件与天干地支""探究——构成要素及组合规律""实践——代码中的神秘转换""验证——古诗文与天干地支"四个篇章突破主题。

历史学科授课，通过引导学生挖掘在日常生活和近现代中国历史事件中与

1　设计者：刘剑，可克达拉市镇江高级中学信息教师（镇江市外国语学校援疆教师），镇江市学科带头人；严龙梅，可克达拉市镇江高级中学历史教师（江苏省镇江第一中学援疆教师），正高级教师，江苏省教学名师。

2　《普通高中历史课程标准（2017 年版 2020 年修订）》，人民教育出版社，2020，第 30、34 页。

3　《普通高中信息技术课程标准（2017 年版 2020 年修订）》，人民教育出版社，2020，第 6 页。

天干地支相关的素材开展一系列活动，组织学生利用图表的形式学习中国传统文化中天干地支纪年法的基本知识、天干地支的搭配与循环规律，帮助学生进一步了解天干地支纪年在社会生活中的应用。

信息技术学科授课，采用图表法讲解天干地支的排列组合规律，引导学生结合排列组合的原理、干支配对的要求，总结出天干地支的具体组合规律，探讨推算天干地支纪年的方法，并尝试用 Python 程序设计语言编写、调试、修改完善程序代码，实现自动化计算转换。在解决实际问题的过程中，进一步加深学生对天干地支纪年法规律的认识，培养学生的计算思维能力。

历史与信息技术学科合作，引导学生在转换程序的帮助下完成古诗文填空，并同步验证转换程序的正确性，让学生体验学以致用的乐趣。

两科围绕天干地支纪年法自然衔接，融会贯通，帮助学生掌握天干地支纪年法的基础知识，加深学生对天干地支纪年法所蕴含的中国古代劳动人民智慧的理解，在实践中培养学生的计算思维能力。

▶▶ 教学重难点

重点：天干地支的排列组合规律。

难点：通过 Python 程序设计语言实现天干地支纪年与公元纪年的转换。

▶▶ 教学设计

课堂导入 🔗

可中师生设计制作出了具有学校文化特色的台历作品。我们能够看到，2023 年台历封面上有"癸卯"字样。2024 年台历封面上有"甲辰"字样，请思考"癸卯""卯兔""甲辰""辰龙"是什么意思。

材料 1　可中师生制作的学校台历。

2023 年台历

2024 年台历

教学过程 ⚙

篇章一　追寻——近代事件与天干地支

【情境创设】

材料2　《甲午风云》海报。

《甲午风云》海报

【任务驱动】

根据"追寻——近代事件与天干地支"的核心任务，设置以下问题链：

1. 以小组为单位，讨论中国近代史上以天干地支命名的历史事件及对应的公元纪年，并列表梳理。

2. 结合所学的历史知识，说一说这些事件的前因后果。

【学生探究】

学生相互讨论，历史教师提示补充，列举中国近代诸多事件，并选出代表陈述事件。

历史事件	公元纪年	主要内容
辛酉政变	1861 年	咸丰帝病死后，慈禧太后夺权，垂帘听政
甲午战争	1894 年	中日黄海大战
戊戌变法	1898 年	百日维新变法，资产阶级改良运动
庚子赔款	1900 年	八国联军进攻中国，中国战败赔款
辛丑条约	1901 年	中国近代史上失权最严重的不平等条约，标志着中国完全沦为半殖民地半封建社会
癸卯学制	1905 年	晚清最后一次学制改革，废除了科举制度
辛亥革命	1911 年	革命党人起义，推翻清朝统治

【设计意图】

教师通过电影《甲午风云》的海报导入本篇章，引导学生回顾并梳理以天干地支命名的历史事件，初步了解天干地支纪年法在中国历史上的应用；在此基础上，引导学生辩证、客观地了解历史事件，不仅要将其描述出来，还要揭示这些历史事件的前因后果，培养学生解释历史的能力。

篇章二　探究——构成要素及组合规律

【情境创设】

材料 3　天干地支反映的是月亮、太阳、地球等天体自转、公转的规律。随着这些天体的运动，人类感受到昼夜交替、月盈月亏、四季轮转、年复一年。这是时间的概念，所以古人用天干搭配地支来纪时、纪年。

十天干

分类	1	2	3	4	5	6	7	8	9	10	11	12
天干	甲	乙	丙	丁	戊	己	庚	辛	壬	癸		

十二地支与十二生肖

分类	1	2	3	4	5	6	7	8	9	10	11	12
地支	子	丑	寅	卯	辰	巳	午	未	申	酉	戌	亥
生肖	鼠	牛	虎	兔	龙	蛇	马	羊	猴	鸡	狗	猪

东汉王充所著《论衡》是最早完整记载十二生肖的文献。其《物势》篇

认为：寅，虎也；戌，犬也；午，马也；子，鼠也；酉，鸡也；卯，兔也；亥，豕也；未，羊也；丑，牛也；巳，蛇也；申，猴也。文中只有十一生肖，所缺者，龙也。《论衡·言毒》云："辰为龙，巳为蛇，辰巳之位在东南。"[1]十二生肖由此齐备，且十二地支与十二生肖之搭配顺序至今未改。十二生肖的排列顺序，是古人依据十二种动物的生活习性和活动特点来安排的，即每一种动物指代一个时辰。[2]

【任务驱动】

根据"探究——构成要素及组合规律"的核心任务，设置以下问题链：

1. 根据天干、地支表，结合所学排列组合的知识，列举出天干地支的各种组合。

2. 运用所学知识，解决下列问题。

（1）在古代天文历法中，天干地支是按照阳干配阳支、阴干配阴支的规律搭配的。请问下列哪一组合是不存在的？（　　　）

　　A. 甲午　　　　　B. 己未　　　　　C. 己巳　　　　　D. 丙未

（2）中国古代以天干地支纪年，天干是"甲、乙、丙、丁、戊、己、庚、辛、壬、癸"，地支是"子、丑、寅、卯、辰、巳、午、未、申、酉、戌、亥"。甲午战争发生于1894年，八国联军侵华的1900年应该是（　　　）。

　　A. 己亥年　　　　B. 庚子年　　　　C. 辛丑年　　　　D. 壬寅年

（3）中国古代用十二种动物与"子、丑、寅、卯、辰、巳、午、未、申、酉、戌、亥"十二地支相配，组成十二生肖。相传，唐玄宗因属鸡而热衷斗鸡。唐玄宗出生之年应该是（　　　）。

　　A. 庚申年　　　　B. 癸卯年　　　　C. 甲辰年　　　　D. 乙酉年

（4）古人称60岁为"花甲"。传说乾隆时期有位141岁的老人，乾隆皇帝在一次宴会上介绍他的岁数时说，"花甲重逢，增加三七岁月。"请问乾隆皇帝是怎么计算的？

【学生探究】

1. 学生相互讨论、争辩，达成如下共识：

1—10	甲子	乙丑	丙寅	丁卯	戊辰	己巳	庚午	辛未	壬申	癸酉
11—20	甲戌	乙亥	丙子	丁丑	戊寅	己卯	庚辰	辛巳	壬午	癸未
21—30	甲申	乙酉	丙戌	丁亥	戊子	己丑	庚寅	辛卯	壬辰	癸巳

1　（东汉）王充：《论衡》，岳麓书社，1991，第354页。

2　张珊珊：《生肖文化的起源及其发展过程》，硕士学位论文，北京语言大学，2007，第30页。

31—40	甲午	乙未	丙申	丁酉	戊戌	己亥	庚子	辛丑	壬寅	癸卯
41—50	甲辰	乙巳	丙午	丁未	戊申	己酉	庚戌	辛亥	壬子	癸丑
51—60	甲寅	乙卯	丙辰	丁巳	戊午	己未	庚申	辛酉	壬戌	癸亥

教师总结：天干有阴阳之分，其中甲、丙、戊、庚、壬为阳干（奇数为阳）；乙、丁、己、辛、癸为阴干（偶数为阴）；子、寅、辰、午、申、戌为阳支，丑、卯、巳、未、酉、亥为阴支。天干地支纪年法的规则是"阳干配阳支，阴干配阴支"。天支、地支按固定的顺序相互配合，组成了天干地支纪年法，其中实际有效组合有60种。

2. 学生根据所学知识进行罗列、对比、推算，结论如下：

（1）D；（2）B；（3）D；（4）计算方法：60×2+3×7 = 141

【设计意图】

教师引导学生系统地学习天干地支的构成要素，读准字音，写对字形，了解地支与生肖的对应关系；结合数学知识，推算天干地支可能的组合数，并与实际的组合数做对比，找差异，进一步明确天干地支排列组合的规则，掌握其循环纪年的规律，进行简单的推算应用。

篇章三　实践——代码中的神秘转换

【情境创设】

材料4 天干从甲开始，每十年循环一次；地支从子开始，每十二年循环一次。中华人民共和国成立后，开始使用公元纪年。前辈史家通过逆推，确认公元元年（公元1年）系我国西汉平帝元始元年，天干地支纪年为辛酉。公元2年是壬戌年，公元3年是癸亥年，公元4年是甲子年。把公元4年作为推算的基准年，可以非常容易地推算公元后每个年份的天干地支纪年。

算法说明：公元年数减3（从第一个甲子年开始）得到基数，除以10，余数是天干；基数除以12，余数是地支。

天干地支、生肖及对应序号

分类	1	2	3	4	5	6	7	8	9	10（0）	11	12（0）
天干	甲	乙	丙	丁	戊	己	庚	辛	壬	癸		
地支	子	丑	寅	卯	辰	巳	午	未	申	酉	戌	亥
生肖	鼠	牛	虎	兔	龙	蛇	马	羊	猴	鸡	狗	猪

【任务驱动】

根据"实践——代码中的神秘转换"的核心任务，设置以下问题链：

1. 计算公历 2023 年对应的天干地支纪年、生肖年。

2. 在掌握 Python 程序设计语言的基础上，根据以上算法思路，设计转换程序，实现公元纪年向天干地支纪年与生肖年的转换。

【学生探究】

1. 学生兴趣盎然，相互探寻，查找最佳方案。

(2023-3)/10 的余数为 0，对应天干为表格中的第 10 列"癸"；(2023-3)/12 的余数为 4，对应地支为表格中的第 4 列"卯"；2023 年即"癸卯"年。(2023-3)/12 的余数为 4，对应生肖为表格中的第 4 个"兔"，2023 年为"卯兔"年。

2. 学生在教师的指引下，与同伴进行探讨，获取计算天干、地支在 Python 列表中准确位置的方法。

Python 列表中元素索引下标从左往右是从 0 开始的（从右往左从 -1 开始），根据"公元年数减 3（从第一个甲子年开始）得到基数，除以 10，余数是天干；基数除以 12，余数是地支"的算法，所得余数需减 1，才对应 Python 列表中天干、地支的元素索引值；余数为 0 时，对应列表中最后一个元素；减去 1 后，为 -1，恰好对应列表中最后一个元素索引值。

```
Year＝input('请输入年份 Year:')
year＝int(Year)
sx＝['鼠','牛','虎','兔','龙','蛇','马','羊','猴','鸡','狗','猪']
tg＝['甲','乙','丙','丁','戊','己','庚','辛','壬','癸']
dz＝['子','丑','寅','卯','辰','巳','午','未','申','酉','戌','亥']
y1＝((year-3)%12)-1#y1:dz(地支)sx(生肖)列表元素的下标
y2＝((year-3)%10)-1#y2:tg(天干)列表元素的下标
if year>0:
    print(str(year) + '年是' +tg[y2]+ dz[y1] + sx[y1] + '年')
else:
    print('年份不能为零或负数,请重新输入')
```

以上程序只能转换一次，如果要连续转换多个公元纪年，则需修改代码，加入循环结构，重复等待输入，转换输出，直到输入 quit 后退出程序。

```
while Year!= 'quit':
    year＝int(Year)
    ……#上述转换代码
    Year ＝input('请输入年份 Year(quit 退出):')
```

运行程序后，随机输入一些公元年份，验证程序转换的结果是否正确。

【设计意图】

计算思维是指个体运用计算机科学领域的思想方法，在形成问题解决方案的过程中产生的一系列思维活动。本篇章引导学生根据已知条件，分析把公元纪年转换成天干地支纪年的实际问题，讨论得出算法的基本思路。在此基础上，教师提供任务，鼓励学生将算法思路转换成具体的 Python 程序设计语言，并进行调试、完善，直至实现最终的转换需求。学生在活动中培养锻炼了计算思维能力，同时又加深了对天干地支纪年法循环规律的理解，进一步感受到了中华优秀传统文化的博大精深与中国古代劳动人民的智慧。

篇章四　　验证——古诗文与天干地支

【情境创设】

材料5 天干地支是我国的传统文化遗产。在浩如烟海的古典文献中，天干地支纪年被广泛使用，如下表：

作品、作者	相关诗文	对应公元纪年
兰亭集序1 （东晋　王羲之）	①＿＿九年，岁在＿②＿，暮春之初，会于会稽山阴之兰亭，修禊事也	353 年
江城子· ＿③＿正月二十日夜记梦2 （宋　苏轼）	十年生死两茫茫，不思量，自难忘。千里孤坟，无处话凄凉	1075 年
水调歌头·明月几时有3 （宋　苏轼）	＿④＿中秋，欢饮达旦，大醉，作此篇，兼怀子由	1076 年
赤壁赋4 （宋　苏轼）	＿⑤＿之秋，七月既望，苏子与客泛舟游于赤壁之下。清风徐来，水波不兴	1082 年
扬州慢·淮左名都5 （宋　姜夔）	＿⑥＿＿⑦＿至日，予过维扬。夜雪初霁，荠麦弥望	1176 年

1　《普通高中教科书　语文　选择性必修》下册，人民教育出版社，2019，第75页。
2　《普通高中教科书　语文　选择性必修》上册，人民教育出版社，2019，第106页。
3　《义务教育教科书　语文　九年级》上册，人民教育出版社，2018，第61页。
4　《普通高中教科书　语文　必修》上册，人民教育出版社，2019，第118页。
5　《普通高中教科书　语文　选择性必修》下册，人民教育出版社，2019，第18页。

认识中国传统文化中的天干地支纪年法

作品、作者	相关诗文	对应公元纪年
核舟记 1 （明 魏学洢）	其船背稍夷，则题名其上，文曰"＿⑧＿ ＿⑨＿秋日，虞山王毅叔远甫刻"，细 若，钩画了了，其色墨	1622 年
五人墓碑记 2 （明 张溥）	予犹记周公之被逮，在＿⑩＿三月之望	1626 年
＿⑪＿杂诗·其五 3 （清 龚自珍）	浩荡离愁白日斜，吟鞭东指即天涯。落红 不是无情物，化作春泥更护花	1839 年

【任务驱动】

根据"验证——古诗文与天干地支"的核心任务，设置以下问题链：

1. 以小组为单位，据所学文学常识将表格填写完整，并用 Python 转换程序进行验证。

2. "永和癸丑""淳熙丙申""天启壬戌"这种皇帝年号纪年法与天干地支纪年法相结合的方式，有什么优点？

【学生探究】

1. 学生从具体作品入手，小组合作，验证算法，进行填空。

① 永和　②癸丑　③丙辰　④壬戌　⑤乙卯　⑥淳熙　⑦丙申

⑧天启　⑨壬戌　⑩丙寅　⑪己亥

2. 学生讨论，小组代表呈现个性化解读。

一般通过皇帝年号可以知道大致的时间段，但确定不了具体的时间点，比如说庆历新政、靖康之耻等。为了解决这个问题，古人又引进了天干地支纪年法。天干地支纪年法的优点十分明确，就是能迅速找到时间点，故而很多大事件都是用天干地支来记录的；但它的缺点也明显，因为天干地支纪年是轮回交替纪年的，所以时间久远的事很有可能会弄混淆。古人基于上述纪年法的特点，扬长避短，把二者结合起来，就形成了年号在前、干支在后的纪年法。比如《核舟记》中的"天启壬戌"，天启就是皇帝年号，壬戌就是天干地支纪年。这种纪年法也成了颇具特色的纪年法。

【设计意图】

教师引导学生梳理中学语文课本所选古诗文包含天干地支信息的句子并借

1　《义务教育教科书　语文　八年级》下册，人民教育出版社，2017，第 58 页。

2　《普通高中课程标准实验教科书　语文　必修三》，江苏凤凰教育出版社，2004，第 39 页。

3　《义务教育教科书　语文　七年级》下册，人民教育出版社，2016，第 125 页。

助 Python 转换程序进行相应验证，体验运用编程解决问题的成就感，帮助学生进一步了解天干地支在纪年方面的应用，感悟先人的智慧，加深对中国传统文化的认识与理解，增强对中华优秀传统文化的认同。

▶▶ 课堂小结

在我国古典文献中，天干地支纪年法被广泛使用，我们在阅读中会经常遇到。当代学者有的会在书的前言或后记中用到天干地支纪年法，书画家则普遍在作品落款处用到天干地支纪年法。虽然天干地支纪年法似乎渐行渐远，但我们要想顺利地打开中国古籍这一充满魅力的宝藏，领略先圣前贤的高远睿智，增强文化自信，那么理解和掌握天干地支纪年及其与公元纪年进行转换的方法是很有必要的。学生在本课学习了天干地支纪年法的基础知识，感悟到了中华优秀传统文化的博大精深，并通过 Python 程序设计语言掌握了把公元纪年转换成天干地支纪年的方法。课后学生可以上网查阅相关资料，尝试其他的转换计算方法，还可以再研究一下公元前年份的转换。天干地支不仅可以用来纪年，还可以用来纪月、纪日、纪时。有兴趣的同学可以进一步查阅资料，用表格的形式整理记录相应的例子。如此博大精深的中华优秀传统文化，期待大家去学习、研究、传承。

👤 反思感悟

中华优秀传统文化蕴含着丰富的哲学思想、人文精神、价值理念、道德规范，为中华民族的生生不息、发展壮大提供着丰厚的滋养。为此，我们发掘出天干地支纪年法与学科教学的融合点，设计了这节中华优秀传统文化传承与信息技术计算思维培养相融合的跨学科探究课；通过任务驱动、小组协作、合作探究等方式引导学生从历史、信息技术等学科角度去认识天干地支纪年的方法、天干地支纪年在历史事件及文学作品中的应用，理解循环纪年的科学规律，最终运用计算思维的方式去解决公元纪年与天干地支纪年相互转换的实际应用需求。

在课堂教学实施后，我们发现跨学科教学内容容量较大，各学科授课环节在时间分配上需要根据不同层次的班级做进一步的优化调整，以切实把握教学重点。各学科教学在衔接过渡上还需要不断打磨，以实现较为自然流畅的融合；注意学科教学融合的有效性，以在达成主要教学目标的同时，真正让学生受到优秀传统文化的熏陶与影响。总的来说，本课的教学设计思路比较合理，在经历教学设计与课堂实践的反复磨炼后，教师的授课思路更加清晰，眼界更加开阔，综合分析运用各种信息的能力有所提升。跨学科主题教学实践锻炼了教师，为立足课堂，将中华优秀传统文化与学科知识教学有机融合，引导学生树立正确人生观、价值观和世界观，实现课程育人做出了有益探索。

✎ 专家点评

　　"认识中国传统文化中的天干地支纪年法"一课，采用跨学科思维模式，通过"解密天干地支纪年法"这一教学主线串联整节课堂。本课围绕新课程标准，融合历史、信息技术等学科知识，聚焦真实问题的解决，在跨学科主题教学过程中培养了学生历史解释、家国情怀、计算思维等学科核心素养。整节课以台历上的天干地支纪年引入，运用图文及表格等多种技术手段详细介绍了天干地支与生肖组合的技术原理，巧妙设计 Python 程序进行天干地支纪年与公元纪年的转换，让学生在活动中体验计算机程序的便捷。课堂最后一个篇章结合中国古代优秀文学作品，要求学生将公元纪年转化为天干地支纪年，并代入诗文进行反向验证，体现了"学以致用"。整个教学设计环环相扣，逻辑性强，活动形式灵活多样。跨学科主题教学加强了学生对不同学科知识的学习，在学科间建立起关联，能真正培养学生解决实际问题的能力。

　　（点评人：熊善军，正高级教师、江苏省镇江市丹徒区信息技术教研员）

盛唐气象：华夏一体，和盛包容[1]

▶▶ 课程标准

1. 通过了解三国两晋南北朝政权更迭的历史脉络、隋唐时期封建社会的高度繁荣，认识三国两晋南北朝至隋唐时期的制度变化与创新、民族交融、区域开发和思想文化领域的新成就。[2]（历史）

2. 将具体的语言文字作品置于特定的交际情境和历史文化情境中理解、分析和评价。[3]（语文）

3. 辩证地看待传统文化，领会对中华优秀传统文化进行创造性转化、创新性发展的重要意义；阐述民族区域自治制度是符合我国国情的基本政治制度，铸牢中华民族共同体意识。[4]（思想政治）

▶▶ 教学立意

唐朝与周边民族的交往与交融形成了"华夏一体，和盛包容"的格局，有利于统一多民族国家的形成和发展，对中华民族共同体的孕育和巩固具有重要意义。

▶▶ 学习目标

1. 了解唐朝民族交往交融的史实，认识唐朝边疆各族对建设中华民族大家庭的历史贡献，分析理解"华夏一体，和盛包容"出现的原因和影响，体会唐朝开明的民族政策是值得借鉴的历史经验。

2. 在特定的历史文化情境中了解各民族共同谱写了中华文明发展的光辉篇章，热爱中华文化，树立文化传承与创新意识，增强对中华民族的自信心、认同感与归属感。

3. 从开放包容的盛唐气象中认识开明的政策和符合国情的制度是国家统一、民族团结的保证，体会中华民族共同体意识对于国家统一、民族发展的重要意义，增强政治认同。

1　设计者：王成龙，可克达拉市镇江高级中学历史教师，兵团第四师可克达拉市教坛新秀；崔栋，可克达拉市镇江高级中学语文教师，新疆维吾尔自治区"天山英才"2023年度第二批教育教学名师；杨卫东，可克达拉市镇江高级中学政治教师。

2　《普通高中历史课程标准（2017年版2020年修订）》，人民教育出版社，2020，第13页。

3　《普通高中语文课程标准（2017年版2020年修订）》，人民教育出版社，2020，第6页。

4　《普通高中思想政治课程标准（2017版2020年修订）》，人民教育出版社，2020，第18、22页。

4. 运用历史、语文、思想政治学科的知识与思维方法分析唐朝民族关系融洽的原因，对中华民族多元一体发展格局的影响及其当代价值等开展持续研究，落实跨学科核心素养。

▶▶ 教学策略

本课设置"盛世雄风，有容乃大"和"和同一家，华夏一体"两个篇章突破主题。

历史与语文学科合作，引导学生观察唐朝前期民族分布图，归纳唐朝前期与周边民族交往的方式，提升运用材料分析解决问题的关键能力，落实时空观念和史料实证等学科核心素养；引导学生正确认识民族关系，增强学生各民族平等团结的意识；通过唐诗鉴赏引导学生形成对唐朝开明的民族政策的生动体验，激发学生对诗歌的学习兴趣，提高学生对文学作品的欣赏能力。

历史、语文与思想政治学科合作，根据图片、文字和视频材料梳理唐蕃关系演进图，并分析唐蕃"和同一家"的影响，开放式探讨唐朝"和同一家，华夏一体"对当今边疆治理、民族管理和社会发展的重大价值，深化学生对民族交融的认知，培养学生史料实证、历史解释、文化传承与理解、家国情怀、政治认同等学科核心素养。

历史、语文、思想政治三科紧紧围绕"华夏一体，和盛包容"的主题，帮助学生深入理解唐朝民族交融格局对中华民族共同体意识培育的重大意义。

▶▶ 教学重难点

重点：唐朝与周边民族交往与融通的方式及其影响。

难点：唐朝民族交融对中华民族共同体意识培育的意义。

▶▶ 教学设计

课堂导入 🔗

一个时代、一个社会，它所呈现出来的一种风貌，给人的一种感觉，也叫"气象"。从贞观之治到开元盛世，经过一百多年的发展，中国历史迈入一个巅峰时代，这也是中国文化极富积极进取精神和博大胸怀的时代。对于当时无所不在的宏大开阔、昂扬向上的精神，人们习惯称之为"盛唐气象"。尤其值得称赞的是，通过频繁接触、相互了解、交流学习、交往认同，唐朝不同民族之间不断趋同、民族边界日益模糊，逐渐形成更大的相互包容的民族共同体。本课我们将从民族交融的角度一起体验盛世大唐的繁华景象。

【设计意图】

教师通过展示唐朝极盛时期的疆域图引入本课学习，使学生直观感受盛唐气象。作为盛唐气象的重要表现，民族交融是本课的侧重点。

教学过程

篇章一　　盛世雄风，有容乃大

【情境创设】

材料1　唐朝前期疆域和边疆各族分布图（669年）。[1]

唐朝前期疆域和边疆各族分布图（669年）

材料2

菅州歌[2]

高　适

菅州少年厌原野，狐裘蒙茸猎城下。

虏酒千钟不醉人，胡儿十岁能骑马。

注：菅州为唐代东北边塞，治所在今辽宁朝阳。唐开元年间，高适第一次到菅州。当时他二十八岁，风华正茂。虏酒为菅州当地出产的酒。

送渤海王子归国[3]

温庭筠

疆里虽重海，车书本一家。

盛勋归旧国，佳句在中华。

定界分秋涨，开帆到曙霞。

九门风月好，回首即天涯。

注：渤海即渤海国，是公元698年（武周圣历元年）大祚荣建立的以粟末靺鞨族为主体的地方性政权，地域在今黑龙江、吉林部分地区。

材料3　唐朝与周边少数民族的交往方式与主要史实汇总表。

方式	主要史实
	贞观年间，唐太宗发兵反击，先后击败东突厥、西突厥，加强了对西域的统治
服膺	北方和西北地区的各族首领尊奉唐太宗为各族的"天可汗"（各族共同的首领）

1　《普通高中教科书　历史　必修　中外历史纲要（上）》，人民教育出版社，2019，第35页。

2　沈祖棻：《唐人七绝诗浅释》，北京出版社，2021，第163页。

3　潘百齐：《全唐诗精华分类鉴赏集成》，河海大学出版社，1989，第22页。

盛唐气象：华夏一体，和盛包容

方式	主要史实
	东北、西北、西南等地区一些少数民族建立的政权与唐王朝关系密切，如唐玄宗封渤海国首领为渤海郡王，封回纥首领为怀仁可汗，封南诏首领为云南王
	唐朝先后设置安西都护府和北庭都护府，管辖西域的天山南北地区
	唐太宗时，吐蕃赞普松赞干布向唐求婚，唐太宗同意将文成公主嫁给他，并派专使护送文成公主远行；唐中宗时，赤德祖赞¹迎娶了金城公主
	唐穆宗时，立唐蕃会盟碑

注：据《义务教育教科书 中国历史 七年级》下册第14—15页整理而成。

【任务驱动】

围绕"唐朝前期与周边民族交往融通"的核心任务，设置以下问题链：

1. 阅读材料1中的地图，试总结唐朝前期的民族分布情况。

东北	①
北部	②
西北	③
西部	④
西南	⑤

2. 结合材料2，从唐诗中感受唐朝民族交往与融通的风貌。

题目	诗歌内容	情感
《营州歌》	①	②
《送渤海王子归国》	③	④

3. 结合材料3，归纳唐朝与周边少数民族的交往方式。

方式	主要史实
①	贞观年间，唐太宗发兵反击，先后击败东突厥、西突厥，加强了对西域的统治
服膺	北方和西北地区的各族首领尊奉唐太宗为各族的"天可汗"（各族共同的首领）

---

1 赤德祖赞也译作尺带珠丹。

方式	主要史实
②	东北、西北、西南等地区一些少数民族建立的政权与唐王朝关系密切，如唐玄宗封渤海国首领为渤海郡王，封回纥首领为怀仁可汗，封南诏首领为云南王
③	唐朝先后设置安西都护府和北庭都护府，管辖西域的天山南北地区
④	唐太宗时，吐蕃赞普松赞干布向唐求婚，唐太宗同意将文成公主嫁给他，并派专使护送文成公主远行；唐中宗时，赤德祖赞迎娶了金城公主
⑤	唐穆宗时，立唐蕃会盟碑

【学生探究】

1. 学生结合材料与教材，按逆时针顺序解读地图，自主探究，归纳概括。

① 靺鞨、室韦　② 回纥、东突厥　③ 西突厥　④ 吐蕃　⑤ 大理（望部）

2. 教师从民族交融的角度引导，学生自主阅读、合作、提炼、概括。

① 塑造了神采飞扬、英勇威武的边疆少年形象，表达了对他们豪迈勇武精神的赞美之情。

② 友好相处，和睦融洽，呈现出良好的民族交流态势。

③ 塑造了勤奋学习、博学多才、载誉而归的渤海王子形象，表达了对渤海王子的眷恋惜别之情。

④ 交往密切，情谊加深，包容开放。

3. 学生调动教材知识进行归纳、梳理。

① 战争　② 册封　③ 管辖　④ 和亲　⑤ 会盟

总之，唐朝包容和谐的民族关系得益于国力强大的唐朝实行开明的民族政策，少数民族与汉民族亲如一家。

【设计意图】

教师引导学生通过地图了解唐朝前期的民族分布情况，培养学生的时空观念，提高学生的识图能力；引导学生归纳总结具体的民族交往的例证，使学生形成对唐朝实行开明的民族政策的生动体验；引导学生通过特定的历史文化情境理解、分析唐朝开明的民族政策，以史为鉴，尊重包容，培育学生的中华民族共同体意识。

过渡语：唐朝开明的民族政策会产生什么样的影响呢？下面我们以唐朝与吐蕃关系的发展演变为例进行探究。

【情境创设】

材料4 唐中宗景龙四年（710年），唐蕃再度和亲，吐蕃赞普赤德祖赞迎娶了金城公主。金城公主也带去大批丝绸锦缎、龟兹乐，以及各类工匠、艺人。她还把释迦牟尼佛像供奉在大昭寺，在西藏建立礼佛等制度。赤德祖赞上书唐朝皇帝说，唐朝和吐蕃"和同为一家"，自称"甥"，称唐朝皇帝为"舅"。唐穆宗长庆年间（821—824年），唐蕃订立友好盟约，立"唐蕃会盟碑"。此碑至今仍屹立在拉萨大昭寺门前。[1]

唐朝阎立本《步辇图》

松赞干布塑像　　文成公主塑像　　　唐蕃会盟碑　　　唐蕃会盟碑局部拓片

1　《义务教育教科书　中国历史　七年级》下册，人民教育出版社，2019，第14—15页。

材料5 纪录片《中国通史》第48集《吐蕃兴衰》片段。

材料6 唐代涉蕃诗中的和亲联姻。[1]

自从贵主和亲后，一半胡风似汉家。

——陈陶《陇西行四首·其四》

蕃人旧日不犁耕，相学如今种禾黍。驱羊亦著锦为衣，为惜毡裘防斗时。养蚕缫茧成匹帛，那堪绕帐作旌旗。城头山鸡鸣角角，洛阳家家学胡乐。

——王建《凉州行》

材料7 2021年3月7日，习近平总书记在参加十三届全国人大四次会议青海代表团审议时发表讲话，指出："要全面贯彻党的民族政策和宗教政策，加强民族团结进步教育，加快民族地区发展，多为各族群众办好事、办实事、解难题，促进各族群众共同富裕，促进各族人民大团结，携手共建美好家园。"

材料8 习近平在第三次中央新疆座谈会上强调，要以铸牢中华民族共同体意识为主线，不断巩固各民族大团结。新疆自古以来就是多民族聚居地区，新疆各民族是中华民族血脉相连的家庭成员。要加强中华民族共同体历史、中华民族多元一体格局的研究，将中华民族共同体意识教育纳入新疆干部教育、青少年教育、社会教育，教育引导各族干部群众树立正确的国家观、历史观、民族观、文化观、宗教观，让中华民族共同体意识根植心灵深处。

材料9 2023年8月26日，中共中央总书记、国家主席、中央军委主席习近平在听取新疆维吾尔自治区党委和政府、新疆生产建设兵团工作汇报时强调，要完整准确全面贯彻新时代党的治疆方略，牢牢把握新疆在国家全局中的战略定位，扭住工作总目标，把依法治疆、团结稳疆、文化润疆、富民兴疆、长期建疆各项工作做深做细做实，稳中求进、绵绵用力、久久为功，在中国式现代化进程中更好建设团结和谐、繁荣富裕、文明进步、安居乐业、生态良好的美丽新疆。

材料10 新闻稿《携手跑起来 一起向未来 江苏省对口支援四师可克达拉市工作综述》。[2]

【任务驱动】

围绕"和同一家，华夏一体"的核心任务，设置以下问题链：

1. 根据材料4，结合所学知识，补充绘制唐蕃关系发展图。

---

1 胡云：《唐代涉蕃诗中的和亲联姻》，《文学教育》2016年第6期。

2 江苏省镇江市对口支援兵团第四师前方工作组：《携手跑起来 一起向未来 江苏省对口支援兵团四师可克达拉市工作综述》，https://difang.gmw.cn/xj/2023-04/26/content_36526380.htm，访问日期：2024年3月20日。

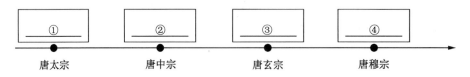

唐太宗　　　　唐中宗　　　　唐玄宗　　　　唐穆宗

2. 结合材料5，试总结评价唐蕃关系。

3. 根据材料6，结合所学知识，谈谈唐蕃"和同一家"对双方的影响。

4. 根据材料7至材料10，结合所学知识，谈谈唐朝"和同一家，华夏一体"对中华民族伟大复兴有何启示。

【学生探究】

1. 学生结合材料和教材文本，按时间顺序进行梳理。

① 文成公主入藏。

② 金城公主嫁给赤德祖赞。

③ 赤德祖赞上书，称吐蕃与唐"和同为一家"。

④ 唐蕃会盟，订立盟约。

2. 学生结合视频，调动历史知识，进行概括、总结。

在唐蕃时战时和的交往过程中，吐蕃与唐王朝对彼此的了解与认识越来越深入，双方经济、文化、科技乃至民族血脉的交融越来越广泛，逐渐形成了休戚与共、水乳交融的关系。青藏高原从来就不曾孤立隔绝，这片神奇的土地与广袤的中原大地一起创造了中华民族的历史和文化。

3. 语文教师引导学生从政治、经济、文化、民族关系等角度分析、归纳。

通过和亲，唐蕃形成了"和同一家"的局面。双方和平共处，边境安定。政治上的联姻开辟了唐蕃之间文化交流的渠道，使过去零星的、民间的、自发的交流发展为官方的、正式的、频繁的交流，推动了吐蕃社会文明的演进，同时也丰富了中原文化的内涵。

4. 思想政治教师从"鉴于往事，有资于治道"的角度引导，学生进行归纳、概括。

① 要高度重视民族工作。唐王朝将少数民族与汉民族认作亲如一家的兄弟，淡化乃至消除了对周边少数民族的偏见和歧视，形成了"和同一家，华夏一体"的格局。我国正处于中华民族伟大复兴的关键时期，做好民族工作事关祖国统一和边疆稳固，事关民族团结和社会稳定，事关国家长治久安和中华民族伟大复兴。要把铸牢中华民族共同体意识作为党的民族工作的主线，不断加强和改进党的民族工作，扎实推进民族团结进步事业，推进新时代党的民族工作高质量发展。

② 要加强党对民族工作的领导。唐太宗坚持"自古皆贵华夏贱夷狄，朕

独爱之如一"，对唐朝形成较为和谐的民族关系起到了重要作用。当今社会，中国共产党的领导是做好民族工作的根本保证，是维护中华民族大团结的根本保证。要充分发挥基层党组织战斗堡垒作用和党员先锋模范作用，以实实在在的行动提升为人民群众办实事的质量。

③ 要认真贯彻落实党的民族工作的各项方针政策。唐王朝实行开明包容的民族政策，尤其是唐朝的羁縻制度对于今天的民族区域自治制度影响重大。我国始终坚持民族平等、民族团结和各民族共同繁荣的方针，坚定不移走中国特色解决民族问题的正确道路。要深入推进新一轮对口支援工作，进一步做好巩固拓展脱贫攻坚成果同乡村振兴的衔接，接续推进脱贫地区发展和群众生活改善。同时，加强各民族交往、交流、交融的历史阐释和宣传教育，讲好民族团结进步的中国故事。

【设计意图】

教师引导学生通过梳理唐蕃关系演进图了解双方"和同一家"的过程，加深学生对民族交融的理解，培养学生史料实证的历史学科核心素养。

教师通过引导学生在特定的历史文化情境中理解、分析唐蕃"和同一家"的影响，加深学生对"和同一家，华夏一体"的认识，使学生体会中华文化的人文精神，增强文化自信，理解、认同和热爱中华文化。

教师引用习近平总书记的重要论述，使学生感受到党和国家对民族工作的高度重视，认识到中国共产党的领导是民族工作成功的根本保证，铸牢中华民族共同体意识是民族工作的主线，培养学生政治认同的学科核心素养。

▶▶ 课堂小结

民族交往、交流、交融的加强，展现了盛世大唐的繁荣景象。应当说，唐朝为统一多民族国家的发展作出了不可磨灭的历史功绩，深刻影响了中华民族和中华文化的发展走向。我们带着崇敬之情领略了那段历史，一千多年前那个万国来朝、兼容并包的大唐仿佛就在我们眼前。通过本课的学习，我们要牢固树立中华民族共同体意识，强化民族归属感，提高民族自尊心和自信心，做具有广阔胸怀并深蕴人文情怀的青少年，为实现中华民族伟大复兴而不懈奋斗。

▶ 反思感悟

本教学主题从统编版高中教科书《中外历史纲要（上）》第6课《从隋唐盛世到五代十国》第二子目"唐朝的繁荣与民族交融"进行延伸。在编写教学设计和制作课件时，最难的是如何找到三个学科的结合点，并在时间有限的课堂中完整地将其体现出来。选取材料时，我们重视初高中教材衔接，关注时政，尤其是关注发生在自己家乡的事例。思想政治、历史与语文三科有效融合，紧紧围绕"盛世雄风，有容乃大""和同一家，华夏一体"加以组织。我们充分结合高一理科班学情，简洁提问，重视培养学生分析材料、归纳提取信息并解决实际问题的能力，尤其重视家国情怀、政治认同、文化传承等学科核心素养的落实。不足之处在于视频资料的选取不够严谨。在课堂学习过程中，学生的参与度也有限，会给人一种灌输而不是学生主动探求的感觉。

作为一种全新的尝试，通过语文、历史与思想政治的学科融合，铸牢中华民族共同体意识，对加强新疆多民族聚居区的民族团结教育尤其重要。不管怎样，大家集思广益，共同完成了本课设计。这也是教师专业成长的重要经历和教研能力提升的必然要求。

专家点评

值得肯定的地方：本课形式新颖，语文、历史、思想政治"三管齐下"，有效融合，做到诗史互证、以时评史；主题鲜明，立意高远，体现立德树人和学科育人的价值功能。本课以历史学科为主线开展课程融合，逻辑严密，过渡自然，授课过程中也不忘回扣主题；落实学科核心素养，培育学生家国情怀和中华民族共同体意识，加强学生的政治认同；培养学生关键能力，史料形式多样，注重吸取中华优秀传统文化。三位教师有亲和力，各司其职，积极做到"四个自觉"，努力调动学生主动性。学生配合度较高，充满自信。在"双减"背景下，本课开放型作业设计尤其值得借鉴。

需要改进的地方：历史学科要注重真实性，选择材料时要严谨，应多方求证；思想政治学科要做到有理有据、合情合理，避免空洞说教；板书设计要找到三科融合点。另外，在进行知识讲述的时候，需尽可能多地联系学生的实际生活。在教学中，我们应该多给学生参与的机会，充分体现学生的主体地位，激发学生的积极性和主动性。

（点评人：唐琴，特级教师，正高级教师；张利明，新疆生产建设兵团高中历史教研员）

4 **民族交融的诗歌记忆**[1]

▶▶ **课程标准**

1. 了解中国古代的民族政策和边疆管理制度，认识中国作为统一多民族国家的发展历程。[2]（历史）

2. 通过学习运用祖国语言文字，体会中华文化的博大精深、源远流长，增强文化自信，理解、认同、热爱中华文化，继承、弘扬中华优秀传统文化。[3]（语文）

▶▶ **教学立意**

中华民族的历史源远流长，其中，唐朝以开放包容的姿态成就了多元灿烂的思想文化，而唐朝文化中成就最高的首推诗歌。我们要在阅读诗歌的过程中感悟中华民族的交流交融，体悟中华民族多元共生的时代特征，铸牢中华民族共同体意识。

▶▶ **学习目标**

1. 了解唐朝的民族政策和边疆管理制度，认识中国作为统一多民族国家的发展历程，在阅读唐诗的基础上认识到文学作品的产生离不开特定的时空环境，理解"一定时期的思想文化是一定历史时期政治、经济在意识形态领域的反映"。

2. 了解不同民族、不同风格的诗歌作品，感受和体验唐代诗歌的语言、形象和情感之美，拓宽文化视野，传承中华文化。

3. 认识中华优秀传统文化是中华民族在历史发展过程中交流交融、共同作用的结果，增强文化认同，铸牢中华民族共同体意识。

▶▶ **教学策略**

本课设置"诗歌中的民族关系""诗歌中的文化认同""诗歌繁荣之归因""诗史互证之运用"四个篇章突破主题。

语文与历史学科合作，通过学习《陇西行》，在阅读诗歌的基础上梳理唐朝的民族政策和边疆管理制度，总结当时民族关系的基本特征，认识中国作为

---

1 设计者：赵静，可克达拉市镇江高级中学语文教师；张涛，可克达拉市镇江高级中学历史教师，兵团第四师可克达拉市骨干教师。

2 《普通高中历史课程标准（2017 年版 2020 年修订）》，人民教育出版社，2020，第 23 页。

3 《普通高中语文课程标准（2017 年版 2020 年修订）》，人民教育出版社，2020，第 7 页。

统一多民族国家的发展历程；通过阅读、品鉴少数民族诗人创作的唐诗，说明少数民族诗人在创作中既有形式上的学习和模仿，又有内容上的继承和创新；以《全唐诗》部分内容的统计数据为基础，使学生认识到是整个中华民族共同推动了唐诗的繁荣，具体感受到文化载体的传播促进了文化认同，文化认同又加速了民族交融。

历史学科授课，从历史学科的角度探究唐诗繁荣的原因，认识到唐诗的繁荣是时代发展的必然结果，更是各民族思想文化交流碰撞的结果。理解"一定时期的思想文化是一定历史时期政治、经济在意识形态领域的反映"，培养学生的唯物史观。将描写胡旋女的诗歌与《新唐书》摘选史料结合起来阅读，引导学生学习诗史互证的方法。设置延伸阅读环节，辨别史料的真伪，培养学生的历史思维能力。

两科围绕"民族交融的诗歌记忆"，以学生较为熟悉的唐诗为载体，梳理唐代民族关系的发展，品鉴不同风格、不同地域的唐诗，在课堂中运用以诗证史、诗史互证的史料实证方法，培养学生的跨学科思维能力。课堂中既有学科核心素养的落实，又有中华民族共同体意识的培育。

▶▶ 教学重难点

重点：唐诗中民族关系的体现。

难点：唐诗与民族交融的关系。

▶▶ 教学设计

课堂导入 🔗

唐诗是我国优秀的文化遗产，也是世界文学宝库中一颗璀璨的明珠。在千百年后的今天，仍有许多篇章广为流传。"葡萄美酒夜光杯，欲饮琵琶马上催。""胡音胡骑与胡妆，五十年来竞纷泊。"鲍防的《杂感》还写道："汉家海内承平久，万国戎王皆稽首。天马常衔苜蓿花，胡人岁献葡萄酒。"可见，唐诗中经常出现具有民族元素的意象，而唐诗的繁荣也和民族的交流交融密切相关。

【设计意图】

教师以学生比较熟悉的唐诗导入，既契合本课的学习内容，又与学生的已有知识相联系，能激发学生的学习兴趣，创设师生互动的课堂氛围。

教学过程 🔩

【情境创设】

材料1

陇西行四首·其二 [1]

誓扫匈奴不顾身，五千貂锦丧胡尘。

可怜无定河边骨，犹是春闺梦里人。

材料2

陇西行四首·其四 [2]

黠虏生擒未有涯，黑山营阵识龙蛇。

自从贵主和亲后，一半胡风似汉家。

注：《陇西行》作者陈陶，字嵩伯，自号三教布衣。岭南人，生卒年及生平均不详。大中时，游学长安。工诗，以平淡见称。屡举进士不第，遂隐居不仕。

【任务驱动】

围绕"唐朝边疆治理的具体措施"的核心任务，设置以下问题链：

1. 比较这两首诗表达的感情有何不同。

2. 结合西汉形势图与唐朝前期疆域和边疆各族分布图（669年），归纳唐朝处理民族关系的措施，探究唐朝民族关系的特点。

西汉形势图 [3]　　　　唐朝前期疆域和边疆各族分布图（669年）[4]

【学生探究】

1. 学生合作探究，讨论写作手法并理解诗歌内容，总结发言。

唐代诗歌流行借古（汉）讽今。《陇西行四首·其二》反映了长期的边塞战争给人民带来的痛苦和灾难，表达了作者对边关战士及其家人的深切同情，也表现了作者对战争的厌恶。《陇西行四首·其四》表现了人们对民族间的关

1 （清）彭定求等：《全唐诗》，三秦出版社，2008，第3022页。

2 （清）彭定求等：《全唐诗》，三秦出版社，2008，第3023页。

3 《普通高中教科书　历史　必修　中外历史纲要（上）》，人民教育出版社，2019，第22页。

4 《普通高中教科书　历史　必修　中外历史纲要（上）》，人民教育出版社，2019，第35页。

系由战争到实行和亲政策后实现民族交融的喜悦之情。

2. 学生在地图上进行标注，讨论探究。

一方面，设立安西都护府、北庭都护府等机构；册封云南王；册封渤海郡王；设置羁縻府州；通过丝绸之路进行经济往来；发动战争，如贞观初年击败东突厥，唐高宗联合回纥击败西突厥。另一方面，西域的昭武九姓（粟特人）大批东迁；文成公主入藏；举行长庆会盟。这些都是唐王朝处理民族关系的基本措施。最终，唐朝形成了修德抚远、因俗而治，你来我往、和亲通婚，相互学习、和而不同的民族关系。

【设计意图】

1. 教师先通过唐诗对比阅读，使学生体会中华优秀传统文化的精神内涵，再引导学生探究不同的民族交往方式（一种是"誓扫匈奴不顾身，五千貂锦丧胡尘"的战争方式，一种是"自从贵主和亲后，一半胡风似汉家"的和平方式），进行情感铺垫，引出中国古代处理民族关系及边疆治理方面的措施，进而对中国古代民族交融的基本途径进行归纳总结。学生可以由此认识到中国古代的民族政策既有延续又有创新，各民族之间虽有战争但仍以和平交往的方式为主。各民族的相互交融丰富了中华民族的内涵。

2. 教师引导学生标注边疆治理措施，培养学生的识图能力和时空观念。学生梳理对比汉唐的民族治理措施，认识唐朝的边疆管理措施和治理方式是对汉代的继承和发展，古代在民族关系的处理方面逐渐形成了从中央到地方的完整的管理体系。学生能由此进一步认识到各民族在维护国家统一和领土完整方面所作的贡献。

篇章二　　诗歌中的文化认同

【情境创设】

材料3

行路难五首·其一[1]

君不见岩下井，百尺不及泉。

君不见山上苗，数寸凌云烟。

人生赋命亦如此，何苦太息自忧煎？

但愿亲友长含笑。相逢不乏杖头钱。

寒夜邀欢须秉烛，岂得常思花柳年？

注：作者贺兰进明，开元十六年（728）进士。《唐才子传》评价他"好古博雅，经籍

_____

1　（宋）计有功：《唐诗纪事校笺》，中华书局，2007，第554页。

满腹,其所著述一百余篇,颇究天人之际。有古诗乐府等数十篇,大体符于阮公"。

材料 4

题判官赞卫有听歌妓洞云歌[1]

嵇叔夜,嵇叔夜,鼓琴饮酒无闲暇。

若当此时闻此歌,抛掷广陵浑不藉。

刘伯伦,刘伯伦,虚生浪死过青春。

一饮一硕独自醉,无人为尔下梁尘。

注:作者段义宗,南诏王隆舜和长和国主郑仁旻的清平官(宰相),曾作为南诏使臣出使唐朝,后又作为长和国使节出使前蜀。其诗歌曾广为流传,深受好评。

材料 5 唐诗摘录。

元稹《和李校书新题乐府十二首·法曲》:"胡音胡骑与胡妆,五十年来竞纷泊。"[2]

白居易《胡旋女》:"天宝季年时欲变,臣妾人人学圆转。中有太真外禄山,二人最道能胡旋。"[3]

韦庄《汧阳间》:"牧童何处吹羌笛,一曲《梅花》出塞声。"[4]

王翰《凉州词》:"葡萄美酒夜光杯,欲饮琵琶马上催。"[5]

鲍防《杂感》:"天马常衔苜蓿花,胡人岁献葡萄酒。"[6]

材料 6 对《全唐诗》部分内容的统计。[7]

少数民族后裔诗人	少数民族诗人	诗中文字				
		胡	胡笳	胡舞	琵琶	葡萄
长孙正隐、元希声、元万顷、元结、元友直、元稹、纥干著、纥干讽	白族诗人:寻阁劝、赵叔达、杨奇肱、段义宗 壮族诗人:韦敬辨、冯智戴	出现1100余次	出现83次	有72首涉及	有170首涉及	有63首涉及

---

1 杜成辉、胡玉萍:《大长和国诗人段义宗初考》,《大理学院学报(综合版)》2008 年第 11 期。

2 (清)彭定求等:《全唐诗》,三秦出版社,2008,第 1648 页。

3 (清)彭定求等:《全唐诗》,三秦出版社,2008,第 1675 页。

4 (清)彭定求等:《全唐诗》,三秦出版社,2008,第 581 页。

5 (清)彭定求等:《全唐诗》,三秦出版社,2008,第 1241 页。

6 (清)彭定求等:《全唐诗》,三秦出版社,2008,第 2861 页。

7 数据来源:杨许波:《唐帝国的丝路想象初探——以唐诗"胡"为个案》,《广西师范学院学报(哲学社会科学版)》2017 年第 4 期;董媛媛:《从少数民族及后裔诗人在唐代诗坛的影响看中华民族文化认同形成的原因》,《时代文学(下半月)》2011 年第 12 期;韩小双、赵宏艳:《从唐诗中解读民族关系对汉民族民俗发展的影响》,《现代语文(学术综合版)》2012 年第 11 期;孙玮志:《〈全唐诗〉中的曲项琵琶史料考论》,《交响(西安音乐学院学报)》2014 年第 3 期。

【任务驱动】

围绕"诗歌中的文化认同"的核心任务，设置以下问题链：

1. 阅读材料3和材料4，从形式和内容方面分析这两首诗让你联想到哪些诗歌及哪些历史人物。

2. 指出材料5和材料6所反映的历史现象并加以说明。

【学生探究】

1. 学生主动探究，教师进行相应的引导和补充。

少数民族诗人不仅在形式上不断模仿汉族诗人的创作风格，而且在内容上能够以中原历史典故入诗，做到了形式与内容的结合。少数民族诗人的涌现不仅丰富了唐诗的艺术形式，也反映出各民族之间的交往融洽，文化认同进一步加强，中华民族共同体意识有所显现。

2. 学生进行讨论，小组代表总结呈现。

唐朝民族交往交流频繁，唐诗反映了民族交融现象的普遍。少数民族意象，如琵琶、葡萄等，以及少数民族诗人，使唐诗的内容变得更加丰富多彩，而少数民族意象和少数民族诗人也成为中华优秀传统文化的重要组成部分。各民族诗人在创作唐诗的过程中加强了民族认同和国家认同，逐渐形成了中华民族共同体意识。

【设计意图】

对《全唐诗》部分内容的统计能使学生了解到唐诗的繁荣不仅得益于众多我们熟知的诗人，还离不开众多不那么知名的诗人，其中不乏少数民族诗人和少数民族后裔诗人。唐代诗人在创作中大量展现了少数民族乐器、生活用品，甚至直接以"胡"字入诗，如"胡姬""胡旋舞"等。学生能由此进一步明确唐诗的繁荣离不开汉族与少数民族之间的交往交融。少数民族文化和汉族文化在交流碰撞中相互吸纳，共同滋养着唐诗，使唐诗形成了繁荣多元的文化格局。教师引导学生通过唐诗的演变认识到唐朝民族交融的不断加深和民族认同的不断增强，坚定学生"中国是统一多民族国家"的思想意识。

篇章三　诗歌繁荣之归因

【情境创设】

材料7　上御翠微殿，问侍臣曰："自古帝王虽平定中夏，不能服戎、狄。朕才不逮古人，而成功过之……自古皆贵中华，贱夷、狄，朕独爱之如一，故其种落皆依朕如父母。"[1]

1　（宋）司马光：《资治通鉴》，三秦出版社，2007，第299—300页。

材料8　唐朝时期，科举制不断发展完善，少数民族地区也有关于少数民族地区科举名额的分配。《唐摭言》卷一载："会昌五年举格节文：其荆南、鄂岳、湖南、西川、东川等道所送进士不得过十五人，明经不得过二十人。福建、黔府、桂府、岑南、安南、岭南道进士不得过七人，明经不得过十人。"[1]

【任务驱动】

根据材料7、材料8，结合所学知识，探究唐诗繁荣的原因。

【学生探究】

学生合作探究，进行开放式总结。

　　经济繁荣、交通便利、社会安定为唐诗繁荣提供了雄厚的物质基础和良好的社会环境；全国空前统一为唐诗繁荣提供了现实基础；以诗赋取士的科举制度推动着文人对诗歌进行学习研究；中外文化交流和各种艺术的发展也对唐诗的发展产生了深刻的影响。

【设计意图】

　　学生通过合作总结认识到唐诗的繁荣是时代发展的必然结果，更是各民族思想文化交流碰撞的结果，理解"一定时期的思想文化是一定历史时期政治、经济在意识形态领域的反映"，培养唯物史观。

篇章四　　诗史互证之运用

【情境创设】

材料9　《胡旋女》两首。

元稹《和李校书新题乐府十二首·胡旋女》[2] 摘录：

天宝欲末胡欲乱，胡人献女能胡旋。

旋得明王不觉迷，妖胡奄到长生殿。

胡旋之义世莫知，胡旋之容我能传。

白居易《胡旋女》[3] 摘录：

天宝季年时欲变，臣妾人人学圜转。

中有太真外禄山，二人最道能胡旋。

梨花园中册作妃，金鸡障下养为儿。

禄山胡旋迷君眼，兵过黄河疑未反。

贵妃胡旋惑君心，死弃马嵬念更深。

　　1　彭武麟、苏永恒：《古代科举制在边疆民族地区的实践与影响》，《吉首大学学报（社会科学版）》2012年第2期。

　　2　（清）彭定求等：《全唐诗》，三秦出版社，2008，第1649页。

　　3　（清）彭定求等：《全唐诗》，三秦出版社，2008，第1675页。

材料 10 时太平久，人忘战。帝春秋高，嬖艳钳固，李林甫、杨国忠更持权，纲纪大乱。禄山计天下可取，逆谋日炽，每过朝堂龙尾道，南北睥睨，久乃去……皇太子及宰相屡言禄山反，帝不信。[1]

【任务驱动】

根据材料 9、材料 10，分析把唐诗作为史料时要注意什么问题。

【学生探究】

学生在教师的引导和补充下凝练答案。

无论是史书还是诗歌，都是人创作的，都是历史的客观与写作者的主观相结合的结果，只能反映部分的现实。以史证诗的目的是更深入地解读文学作品，准确赋予诗歌一定的时代背景，避免对诗歌解释的随意性，为进一步解读和欣赏文本打下基础。"文章合为时而著，歌诗合为事而作。"唐代诗歌记录了大量历史事件和历史人物，以诗证史可以更好地还原历史真相。

【设计意图】

唐代诗歌保留了大量的历史记录，涉及唐朝社会的各个方面，可以当作了解唐朝历史的史料。但是，由于诗歌主观色彩强烈、语言简洁、韵律有限制，以及诗人在创作时会受到阶级、时代、个人经历等因素的影响，因此，诗歌只能反映部分的现实。在使用唐诗等史料的时候，我们一定要遵循客观公正的原则。对诗歌史料价值的分析能引导学生认识不同的史料类型和史料价值，培养学生"论从史出"的能力，进一步提升学生史料实证和历史解释的学科核心素养。

▶▶ 课后延伸

【情境创设】

1971 年，北京故宫的一次出土文物展览向世人展示了两件文书：一件是白居易的《卖炭翁》，署"坎曼尔元和十五年抄"；另一件是作于唐宪宗元和十年（815）的三首诗，署"纥坎曼尔"。其中，《忆学字》[2] 说："古来汉人为吾师，为人学字不倦疲。吾祖学字十余载，吾父学字十二载，今吾学之十三载。李杜诗坛吾欣赏，纥今皆通习为之。"

在新疆发现唐朝的汉字文书，自然不是一件小事。郭沫若在看过原件后十分兴奋，写了《〈坎曼尔诗签〉试探》一文。

但也有人对文书的真实性提出异议，如历史学家张政烺和萧之兴等人。

1　雷巧玲、李成甲：《新唐书选译》，巴蜀书社，1994，第 113—116 页。
2　杨镰：《〈坎曼尔诗笺〉辨伪》，《文学评论》1991 年第 3 期。

【任务驱动】

假如你是一位历史学家，应该怎样判断以上史料的真伪？请谈谈你的思考。

【设计意图】

设置课后探究性学习能使学生掌握一定的史料收集和整理方法，学习利用所学知识甄选史料，培养学生史料实证的能力和历史解释的能力。学生在进行史料的甄别时不仅要会使用文献材料，还要借助化学、考古、生物等学科知识，培养跨学科知识运用能力和学科综合能力。

▶▶ 课堂小结

唐诗是中华优秀传统文化的重要组成部分。从唐诗中，我们可以看到，唐朝以其自信从容的气度、开放博大的胸襟、华夏一体的理念成就了不同民族的平等交融，也成就了唐诗的多元繁荣，更成就了盛唐气象。习近平总书记指出，我们悠久的历史是各民族共同书写的，我们灿烂的文化是各民族共同创造的。只有在秉持自身传统的基础上，不断借鉴不同民族、不同地区甚至不同国家的优秀文化，文化才能在传承中创新，才能在创新中继续传承。

反思感悟

中华民族源远流长，中华文化灿若星河。唐朝以其开放包容的姿态成就了多元灿烂的思想文化，我们可以在阅读、品鉴唐诗的基础上感知不同民族的交流交融，体悟中华民族多元共生的时代特征，铸牢中华民族共同体意识。学生对本课兴趣浓厚，课堂参与度较高，并能从不同学科的角度感知中华优秀传统文化，最终实现人文素养的提升。

不足与需要改进之处：需进一步加大学科融合的力度，凸显语文和历史学科的不同特质。增加语文学科内容，引导学生阅读和赏析诗歌，发挥学生的主体性地位，使学生基于作品体悟中华民族共同体意识。在校本课程的探究方面也可以进行更多的尝试。例如，将前置任务单学习延伸为学生的探究活动，在引导学生自主学习上多下功夫；鼓励学生自己查找资料，进行主题探究，将教师的教转变为学生的学，助力于学生终身学习能力的提升。

✍ 专家点评

本课符合高考评价体系的要求。高考评价体系突出关键能力和学科素养的考查，探索"价值引领、素养导向、能力为重、知识为基"的综合考查模式。高考试题命制集中考查学生的思维品质和综合运用所学知识的能力，本课设置新情境，以"民族交融中的诗歌记忆"为突破口，切入指向中华民族共同体意识培育的课程主题，既有历史和语文学科之间的相互联系，又有学科核心素养的培养，在时空观念、历史解释方面都有一定的延展空间。本课在探究唐诗繁荣原因的过程中培育了学生的唯物史观，涵养了学生的家国情怀。同时加强了学生的文化传承与理解，促进了学生思维品质的提升，有助于培育"全面发展的人"。

本课依托于江苏省中小学课题"'三科'贯通视域下的高中生'中华民族共同体意识'培育策略研究"和第四师师市课题"德育视域下高中生'中华民族共同体意识'培育路径研究"，达到了课题引领教学、教学促进课题研究的良好效果。课程要关注学生的身心发展，重视学生的生成体悟。本课注重唐诗中历史典故的解读赏析、与历史人物的情感共鸣，并以数据汇总作为史料依据，证实了文化载体的传播促进了文化认同，文化认同又加速了民族交融的进程。教师在引导学生感知中华优秀传统文化的过程中培育了学生的中华民族共同体意识，坚定了学生的政治认同和文化认同。

（点评人：李月琴，华东师范大学副教授；张羽丰，正高级教师）

5 　　　　　　　　　　　　　**走进《韩熙载夜宴图》**[1]

▶▶ 课程标准

1. 了解美术创作的基本过程，学习美术作品审美构成的造型元素和形式原理，并用于分析、理解和解释美术作品。掌握 2~3 种美术鉴赏的基本方法，联系文化情境认识美术作品的主题、内涵、形式和审美价值，并用恰当的术语进行解读、评价和交流。[2]（美术）

2. 认识对史料的来源、性质及其价值进行鉴别和考证的重要性；了解鉴别史料的主要方法，认识研究历史要以有价值的、可靠的史料作为历史论述的证据；了解探究历史的主要方法，并尝试运用这些方法对历史问题进行探讨。[3]（历史）

▶▶ 教学立意

通过《韩熙载夜宴图》感受中国古代人物画的艺术特色，探究《韩熙载夜宴图》的史料价值，提高对中国画的鉴赏能力，激发对中华优秀传统文化的热爱之情。

▶▶ 学习目标

1. 了解《韩熙载夜宴图》的基本鉴赏方法，理解中国人物画的艺术特色，感受作品的造型、色彩、空间等形式特征。

2. 理解《韩熙载夜宴图》的历史背景，探究《韩熙载夜宴图》的史料价值，感受中华优秀传统文化的魅力，厚植自尊、自信的民族情怀。

3. 运用历史、美术学科的观念、知识与方法，理解五代十国时期南唐产生此画作的文化情境，认识到一定时期文化是此时期社会存在的综合反映，发展跨学科理解及核心素养。

▶▶ 教学策略

本课设置"初见——作品构图和绘画内容""再探——绘画特点和创作背景""细品——史料价值和文化理解"三个篇章突破主题。

美术学科授课，分析《韩熙载夜宴图》的构图特点，从局部到整体感受

1　设计者：王慧，可克达拉市镇江高级中学美术教师，第四师美术家协会成员；丁文建，可克达拉第一高级中学历史教师，兵团第四师可克达拉市骨干教师。

2　《普通高中美术课程标准（2017 年版 2020 年修订）》，人民教育出版社，2020，第 11 页。

3　《普通高中历史课程标准（2017 年版 2020 年修订）》，人民教育出版社，2020，第 34 页。

中国人物画的魅力。

美术与历史学科合作，通过图表分析五代十国时期南唐社会的发展状况，把握《韩熙载夜宴图》的创作背景；细品《韩熙载夜宴图》的创作缘由和绘画细节，窥探画家和画作主人公的内心；综合美术学科的鉴赏教学法和历史学科的史料实证法，发挥历史学科的美育功能，使学生深入理解五代十国时期的社会背景，培养学生的历史思维、探究精神和文化理解等学科核心素养。

两科围绕《韩熙载夜宴图》的创作背景自然衔接，融会贯通，引导学生深入理解中国古代人物画的艺术特色，感受中华优秀传统文化的魅力。

▶▶ 教学重难点

重点：《韩熙载夜宴图》独特的构图形式和中国古代人物画的艺术特色，《韩熙载夜宴图》产生的历史文化背景。

难点：通过画作主人公的神态分析其内心世界。

▶▶ 教学设计

课堂导入 🔗

中国画具有悠久的历史和独特的艺术传统，在世界画坛上独树一帜。其中，以描写人物活动为主的人物画成熟最早。那么到底该怎么鉴赏绘画艺术经典？这节课将以《韩熙载夜宴图》为例，介绍鉴赏中国画的基本方法。

教学过程 ⚙

| 篇章一　　初见——作品构图和绘画内容 |

【情境创设】

材料1　《韩熙载夜宴图》局部。[1]

图①　　　　　　　　　　　　　　　　　　图②

1　《普通高中教科书　美术　必修　美术鉴赏》，人民教育出版社，2019，第32页。

图③   图④

图⑤

《韩熙载夜宴图》再现了五代十国时期官家宴会的场景，是典型的中国画。中国画是用毛笔、墨汁在宣纸或者丝织物上作画的。

【任务驱动】

围绕"《韩熙载夜宴图》的作品构图和绘画内容"的核心任务，设置以下问题链：

1. 在观察《韩熙载夜宴图》的基础上，用列表的方式分析作品每一个场景的主要内容、空间环境、画面气氛。然后，尝试把五张图片重新排序，组成《韩熙载夜宴图》长卷。

填入 ☐☐☐☐☐ ，重新排序。

2. 分析画作主人公韩熙载在哪里，说明采用了怎样的构图。

【学生探究】

1. 学生通过列表梳理五个独立场景，合作分析画作，得出结论。

分类	第一部分	第二部分	第三部分	第四部分	第五部分
主要内容	观舞	暂歇	散宴	听乐	清吹
空间环境	床榻、矮几、乐器、椅子、屏风	椅子、鼓板子	屏风、床榻、矮几	屏风、椅子	椅子
画面气氛	如痴如醉	热闹非凡	安静平和	轻松自在	难舍难分

重新排序：图④①②⑤③，即"听乐""观舞""暂歇""清吹""散宴"。

2. 学生小组合作，讨论图片，在教师的引导下总结展示。

主人公分析：图①中右起第二位，图②中坐着的侧影男子，图③中左起第三位，图④中床榻上的长髯男子，图⑤中坐着持扇的男子。

构图：采用了圆形、长方形构图，以长卷形式，如同连环画般把不同时空发生的事在一幅画中表现出来，增加了画面的内容含量。

教师总结：五个场景共同构成画面的空间结构。中国古代人物画多考虑功用，人物的大小也显示出地位的高低。远近人物大小相同，采用了三点透视法，更强调以形写神，传达人物的神情意态。韩熙载是画中头戴高帽、面有长髯的人，在画面中共出现五次。

【设计意图】

教师引导学生观察《韩熙载夜宴图》并进行拼图练习，锻炼学生的图像识读能力和信息提取能力，并根据美术表现的手法、绘画的时空场景感受中国人物画"不仅注重摹写外形，而且注重塑造人物的性格和内心世界"的特点。这有助于学生感受和认识中国画的独特魅力，形成基本的审美判断。

篇章二　　再探——绘画特点和创作背景

【情境创设】

材料2　《韩熙载夜宴图》是五代十国时期的画家顾闳中的现实主义作品，描绘了南唐中书舍人韩熙载富有戏剧性的日常生活。

顾闳中《韩熙载夜宴图》

材料3 五代十国形势图（后周时期）。[1]

五代十国形势图（后周时期）

材料4 五代十国相关内容列表。

分类	时间	都城	今址	开创者
五代	后梁（907—923年）	开封府	河南开封、洛阳	梁太祖朱温
	后唐（923—936年）	河南府	河南洛阳	后唐庄宗李存勖
	后晋（936—947年）	开封府	河南洛阳、开封	后晋高祖石敬瑭
	后汉（947—951年）	开封府	河南开封	后汉高祖刘知远
	后周（951—960年）	开封府	河南开封	后周太祖郭威
十国	南吴（902—937年）	江都府 金陵府	江苏扬州 江苏南京	南吴太祖杨行密
	南唐（937—975年）	江宁府	江苏南京	南唐烈祖李昇
	前蜀（907—925年）	成都	四川成都	前蜀高祖王建
	后蜀（934—966年）	成都	四川成都	后蜀高祖孟知祥
	南楚（896—951年）	长沙府	湖南长沙	楚武穆王马殷
	吴越（907—978年）	杭州	浙江杭州	吴越太祖钱镠
	闽国（909—945年）	长乐府建州	福建福州 福建建瓯	闽太祖王审知
	荆南（924—963年）	江陵府	湖北秭归	楚武信王高季兴
	北汉（951—979年）	太原府	山西太原	北汉世祖刘崇

注：据王仲荦《隋唐五代史》[2] 整理而成。

材料5 五代十国时期，当中原小朝廷忙于内战，改朝换代之际，南方诸国却处于相对和平的状态，它们的立国分治赢得了社会的稳定与经济的发展。中唐以来南方经济有所发展，使一个很小的地域有足够人力物力，为割据政权的生存提供了条件……南方各国经济不受北方剥夺，有利于发展本地经济，割据局面则刺激了各自增强经济实力的需求，有利于区域的开发……以广陵（扬州）

1　《普通高中教科书　历史　必修　中外历史纲要（上）》，人民教育出版社，2019，第38页。
2　王仲荦：《隋唐五代史》，上海人民出版社，2021。

走进《韩熙载夜宴图》

为都城的吴，以金陵（南京）为都城的南唐，号称"地大力强，人才众多"。[1]

【任务驱动】

围绕"《韩熙载夜宴图》的绘画特点和创作背景"的核心任务，设置以下问题链：

1. 《韩熙载夜宴图》的色彩和技法有什么特点？

2. 五代十国时期政权更迭频繁、社会动荡，结合材料，分析为什么南唐能产生《韩熙载夜宴图》这样的杰作。

【学生探究】

1. 学生在教师的引导下分析《韩熙载夜宴图》色彩、造型方面的技法，合作探究，高度概括。

《韩熙载夜宴图》采用了工笔重彩的手法，画面细腻艳丽，富有装饰性。作品的艺术水平相当高超，造型准确，线条流畅，色彩清雅。不同物象的笔墨运用富有变化。仕女的艳衫与男宾的素衫形成鲜明对照，几案坐榻等家具沉厚古雅，仕女裙衫、帘幕、帐幔、枕席上的纹样又精巧绚丽，这使得作品整体用色艳而不俗，格调高雅。

2. 学生依据所学，在地理、政治、经济、文化等方面合作探究。

地理：南唐地跨今江西、安徽、江苏、福建、湖北和湖南等省，属于南方政权，地理环境优越，物产丰富。

政治：南唐长期坚持"息兵安民"的基本国策，虽偏安安徽、江苏，但自称大唐正统，沿用唐朝时期的政治制度，如州县制，有利于政权的稳定、经济的恢复和发展；兴科举、建学校，有利于文化昌盛。然而节度使制、朋党之争、政治腐败也是南唐后期走向衰落的重要原因。

经济：南方社会相对稳定，有利于经济进一步发展；南唐重视兴修水利，推广小麦种植，农业发达；冶铜业、冶铁业、制盐业、纺织业、造船、造纸业等也进一步发展起来。

文化：北方战乱频繁，大批文人、学士、画家等投奔南方，使得南唐尤其是江宁成为当时的文化艺术中心。

【设计意图】

教师引导学生观察五代十国形势图和五代十国相关内容列表，结合所学知识开展探究性的讨论：在社会动荡时期，为什么南唐能产生《韩熙载夜宴图》这一杰作？一开始，学生可能仅仅单纯分析文化方面的原因，教师可进一步启发学生从地理、社会、政治、经济等角度综合分析五代十国时期南唐得以产生

1　刘建军：《古代中国政治制度十六讲》，上海人民出版社，2009，第27—28页。

这一杰作的原因，引导学生在提炼图像史料、文字史料的基础上进行多方面的探讨，促使学生把质疑能力发展成为更成熟的历史解释素养，进而更加清晰地了解艺术家的创作成就与时代背景息息相关，把握南唐名画《韩熙载夜宴图》的精神内涵。

篇章三　　细品——史料价值和文化理解

【情境创设】

材料6　关于《韩熙载夜宴图》的创作缘由，有两种说法。《宣和画谱》记载：后主李煜欲重用韩熙载，又"颇闻其荒纵，然欲见樽俎灯烛间觥筹交错之态度不可得，乃命闳中夜至其第，窥之，目识心记，图绘以上之"。《五代史补》说：韩熙载晚年生活荒纵，"伪主知之，虽怒，以其大臣，不欲直指其过，因命待诏画为图以赐之，使其自愧，而熙载自知安然"。[1]

【任务驱动】

围绕"《韩熙载夜宴图》的史料价值和文化理解"的核心任务，设置以下问题链：

1. 从《宣和画谱》和《五代史补》对《韩熙载夜宴图》创作缘由的不同说法，可知怎样的历史事实？从中可得出什么史学启示？

2. 列表呈现韩熙载的动作、神态，结合画作分析韩熙载的内心世界。

3. 《韩熙载夜宴图》是什么类型的史料？简析其对研究五代十国历史的价值。

【学生探究】

1. 学生小组合作探究，从两则史料中找出共性，结合教师的引导得出结论。

历史事实：顾闳中奉诏而画。

史学启示：多种历史叙述的共同点即可被认定为历史事实。

2. 学生列表梳理韩熙载的动作、神情，分析其内心世界，总结呈现。

分类	第一部分	第二部分	第三部分	第四部分	第五部分
内容	听乐	观舞	暂歇	清吹	散宴
动作	盘坐倾听	击鼓助兴	洗手休息	盘坐挥扇	挥手告别
神态	专注放松	闷闷不乐	漫不经心	悠然自得	若有所思

1　陈苑：《故宫让"韩熙载夜宴图"动起来　观众可与千古佳作"对话"》，http：// culture. people.com.cn/n/2015/0113/c87423-26373389.html，访问日期：2024 年 3 月 20 日。

总结：韩熙载作为南唐的中书舍人，面临着江河日下的政治环境。他不能得到皇帝的信任，虽心系国家却无能为力。绘画内容一方面反映了他狂放不羁、纵情声色的处世态度和生活追求；另一方面又表现出他的心不在焉、压抑忧郁，如擂鼓时双目凝视、面不露笑，听清吹时漫不经心地与对面侍女闲谈，这些情绪都揭示了他晚年失意、以酒色自污的心态。画家塑造的韩熙载，不仅形象逼真，而且内心复杂，性格立体。

3. 学生查阅资料，结合自己的理解自由发表观点。

《韩熙载夜宴图》属于图像史料。这幅画的创作者顾闳中是五代十国时期画家，曾任南唐画院待诏，属于那个时代的亲历者和见证者。根据《宣和画谱》和《五代史补》文字史料的互证，这幅画具有一定的客观性。它描写了南唐贵族的日常生活，具有极强的写实性。此外，它包含家具、乐舞、服饰、礼仪等方面的内容，是研究五代十国时期服饰、装饰风格的重要参照物，对研究中国古代绘画、传统服饰、民族音乐及古代人文生活等具有极高的史料价值。其中，乐器拍板属节奏乐器，由西北少数民族地区传入，是中华民族文明交融的见证。

据《宣和画谱》记载，顾闳中奉后主之命，与周文矩、高太冲潜入韩熙载的府邸，窥其放浪的夜生活，凭目识心记绘成此画。因此，顾闳中创作这幅画的目的是给南唐后主李煜刺探情报，具有艺术创作的主观性。

《韩熙载夜宴图》不仅有极高的艺术价值，也有极高的史学价值。

【设计意图】

教师引导学生观察《韩熙载夜宴图》描绘的乐器、服饰等，以点带面地使学生认识到中华优秀传统文化是民族交融的产物，具有多元一体的特征。师生通过合作探究，确定《韩熙载夜宴图》属于图像史料。教师在教学中补充文献史料、图画史料、实物史料等概念和内容，引导学生学习史料的分类和辨伪，理解不同史料的价值，从而落实史料实证这一核心素养。

▶▶ 课堂小结

慢放《韩熙载夜宴图》长卷，师生再次进行欣赏。

《韩熙载夜宴图》是绘画巨作，人物众多，细致生动，设色清雅，内容丰富，有明显的故事情节。它不仅生动摹写出人物的形象，同时注重对人物神态的捕捉和对人物内心的挖掘。这也使得整幅作品具有极高的艺术价值和史料价值。

如此名画曾经流落民间，几经辗转，最终由画家张大千重金购得。中华人民共和国成立后，张大千低价将珍贵的《韩熙载夜宴图》及敦煌密卷等卖给国家。对于这一决定，张大千曾跟朋友坦然表示：我寓居海外，万一国宝失落他人之手，岂不成了千古罪人！

通过赏析《韩熙载夜宴图》，我们能感受到中华文化的非凡智慧与中国画独特的美学观念；通过了解《韩熙载夜宴图》的历史底蕴，我们能感受到中华文化脉络的源远流长和历久弥新；通过国宝《韩熙载夜宴图》回归的故事，我们更能感受到中华文化生生不息、延绵永续的生命力。

反思感悟

本课以名画《韩熙载夜宴图》创设历史情境，渗透历史学科核心素养，引导学生增强对中华民族和中华优秀传统文化的认同。例如，通过图片史料和文字史料探究《韩熙载夜宴图》产生的时代背景；通过政治、经济、文化等角度使学生更加清晰地了解艺术家的创作成就与时代背景息息相关；通过赏析名画启发学生做中华文明的拥护者、传承者。本课作为美术、历史的跨学科主题教学，打破了学科知识壁垒。无论是美术教师还是历史教师，都需要精设问题链，以问题驱动的方式开展学生的合作探究活动，进行积极主动的建构活动。教师要广泛阅读，提升核心素养，践行立德树人的教学理念。

不足与需要改进之处：教师以提高学生的自主学习与合作探究能力作为教学设计的重要任务，希望结合教材内容为学生创设问题情境，进一步提高学生解决问题的能力，从而提高课堂教学的针对性、时效性，但并没有完全贴合高一学生的学情。例如，历史教师在设计教学问题时对学情把握不准，最初设计的学科问题比较单一。对《韩熙载夜宴图》的创作背景没有提供史料，学生只能就初中所了解的知识简单应答，教学效果不甚理想。历史教师与美术教师经过商议，决定先由美术教师创设情境，师生共同探析《韩熙载夜宴图》图画内容、艺术特征等，再由历史教师出示相对应的史料，进一步增强学生的时空观，培养学生的逻辑思维能力，最终引导学生利用美术和历史两大学科的知识思考在五代十国那样政权割据、社会动荡的历史时期，南唐为什么能产生这样的杰作。

专家点评

本课由对传世名画《韩熙载夜宴图》的鉴赏展开，聚焦美术学科"美术鉴赏的基本方法""美术作品的主题、内涵、形式和审美价值"，探究历史学科的"历史背景和史料价值"，培育学生对中国人物画的鉴赏能力，引导学生理解五代十国时期南唐产生此画作的文化情境，认识到特定时期的文化是特定时期社会存在的综合反映，树立学生的民族自豪感。

本课综合运用美术及历史学科的核心素养，强调实时互动，以情境教学、小组探究的方式展开，分三个篇章突破主题。

在"初见——作品构图和绘画内容"中，美术教师根据学情，创建情境，引导学生观察《韩熙载夜宴图》并进行拼图练习，锻炼学生的图像识读能力，引导学生自觉培育创新意识。在"再探——绘画特点和创作背景"中，历史教师与美术教师通力合作，师生共同探究《韩熙载夜宴图》的绘画特点和创作背景。教师巧妙设计任务驱动，渐次深入，使学生进一步理解《韩熙载夜宴图》。在"细品——史料价值和文化理解"中，历史教师与美术教师合作引导学生继续观察图画细节，结合多种史料来阐释《韩熙载夜宴图》的史料价值和艺术价值，培养学生的文化素养，并在互动交流过程中不断融入以图证史、史料互证等史学研究方法。最后，教师从《韩熙载夜宴图》辗转归国的命运出发，激发学生的爱国情怀，升华主题。

（点评人：李月琴，华东师范大学副教授）

6 从《书愤》中探寻家国情怀[1]

▶▶ **课程标准**

1. 通过学习运用祖国语言文字，引导学生阅读古诗，使学生在感受诗人形象的同时体会中华文化的核心思想理念和人文精神，理解、认同、热爱中华文化，提高社会责任感，增强为中华民族伟大复兴而奋斗的使命感。[2]（语文）

2. 通过了解两宋的政治和军事，认识这一时期在政治、经济、文化与社会等方面的新变化；通过了解辽夏金元诸政权的建立、发展和相关制度建设，认识北方少数民族政权在统一多民族封建国家发展中的重要作用。[3]（历史）

▶▶ **教学立意**

历史车轮不停转动，在两宋的发展过程中，各阶层皆在探寻出路。本课以《书愤》为引，通过探究诗人对时代的"愤"来窥见宋朝的时代特征，从而激发学生的历史责任感与社会责任感，力求更好地涵养学生的家国情怀和中华民族共同体意识。

▶▶ **学习目标**

1. 感受作品中的诗人形象，把握作品的内涵，通过师生共填诗词，探究中华民族精神的内涵。

2. 通过图文资料，了解"北宋、辽、西夏对峙"与"南宋、金、西夏对峙"的相对空间位置和时间更迭，概述少数民族政权与两宋的关系，探究两宋的时代特征。

3. 以《书愤》为中心，以两宋历史为引，感受诗人的家国情怀和人格魅力，传承诗人及作品传达的以天下为己任的民族精神和精忠报国的爱国热情，培养不畏艰难的大无畏精神，涵养家国情怀。

▶▶ **教学策略**

本课从统编版高中语文教材的诗词诵读进行延伸，设置"诵读诗歌品诗情""拨云见日探诗源""亘古亘今家国情"三个篇章突破主题。

语文与历史学科合作，在朗读过程中，通过找出陆游所运用的历史典故，

1　设计者：周宁，可克达拉市镇江高级中学语文教师，兵团第四师可克达拉市骨干教师；王晓宇，可克达拉市镇江高级中学历史教师。

2　《普通高中语文课程标准（2017年版2020年修订）》，人民教育出版社，2020，第7页。

3　《普通高中历史课程标准（2017年版2020年修订）》，人民教育出版社，2020，第13页。

感受借助典故抒发的思想感情，让学生进一步理解诗人的家国情怀；引导学生回顾有关这一时期的体现家国情怀的诗词，并结合历史地图和表格材料提取信息，结合所学知识探究产生这种情感的原因，延伸家国情怀在现当代的价值体现。

两科以陆游的《书愤》为引，自然衔接，融会贯通，以古鉴今，深入探寻家国情怀的多重价值。

▶▶ **教学重难点**

重点：中华民族精神的内涵。

难点：诗人及其作品传达的民族精神和家国情怀。

▶▶ **教学设计**

课堂导入 🔗

在你心中，六十岁意味着什么？

同学们会用不同的词说出自己对六十岁不同的理解。两千多年前，思想家孔子在《论语·为政》中也对六十岁做了解释，即"六十而耳顺"。耳顺者，不为也。因明理，故事事通达入耳；因成熟，故不斤斤萦怀于心。这是圣人理解的生命境界与气度格局，是古往今来无数仁人志士孜孜不倦的修行。然而，有一位老人似乎违背了"耳顺"之诫。他六十一岁罢官，在家乡山阴（在今浙江绍兴）写下了感情激烈的《书愤》。今天，让我们一起品读《书愤》。

【设计意图】

六十岁本该是安享晚年、顺其自然的年纪，然而陆游却仍忧心于国土的收复、国家的安定。通过诗人的年龄导入，学生能够直观地感受到诗人心中的抱负，这也有利于学生更好地理解诗人的思想感情。

教学过程 ⚙

篇章一	诵读诗歌品诗情

【情境创设】

材料1

书愤五首·其一

早岁那知世事艰，中原北望气如山。

楼船夜雪瓜洲渡，铁马秋风大散关。

塞上长城空自许，镜中衰鬓已先斑。

出师一表真名世，千载谁堪伯仲间。

【任务驱动】

围绕"诵读诗词，理解诗意"的核心任务，设置以下问题链：

1. 假设你是陆游，你请了你的好友来朗诵这首诗。请在他朗读之后做客观的评价（可以从轻重缓急、抑扬顿挫、情感表达等方面来评价）。

2. 在朗读过程中，请找出陆游运用的历史典故，分组探究其作用。

【学生探究】

1. 学生自主诵读，品读诗意，与同桌合作互评，总结概括。

早岁/那知/世事艰，中原/北望/气如山。此联中的"那"读三声，要重读、慢读，读出诗人要表达的情感。"气如山"应重读、快读，因为写出了诗人当年的豪情壮志，展现了意气风发、以身许国的爱国志士形象。

楼船/夜雪/瓜洲渡，铁马/秋风/大散关。这两句应重读，且要读出气势。结合历史背景，这两句是诗人追述以前抗金的胜仗，作用是将理想与现实作对比。他希望大家同心同德抵抗金兵，现实却是受到排挤。

塞上/长城/空自许，镜中/衰鬓/已先斑。其中"空"和"已"需重读。诗人用南朝名将檀道济之典，将自己的早年形象与晚年形象作对比。诗人早年"中原北望气如山"，而到了晚年"镜中衰鬓已先斑"。这表明了诗人想杀敌报国却屡次遭受排挤打击的悲愤，故要慢读，读出诗人的无奈。

出师/一表/真名世，千载/谁堪/伯仲间。这两句应慢读，其中"真名世"要读出敬佩之意。诸葛亮坚持北伐，名满天宇，"千载谁堪伯仲间"。诗人追慕先贤的业绩，表明自己的爱国热情至老不移，渴望效仿诸葛亮施展抱负。

（注：学生在朗读时可根据具体情况进行调整。）

2. 学生小组讨论，结合历史教师的指导呈现合理解读。

历史典故①：楼船夜雪瓜洲渡，铁马秋风大散关。

这是追述两次抗金的胜仗。宋高宗绍兴三十一年（1161）冬，金主完颜亮率大军南下，企图从瓜州渡江攻建康，但被宋军击退。次年，宋将吴璘从西北前线出击，收复了大散关。

作用：表达诗人渴望万里从戎、以身报国的豪壮理想。

历史典故②：塞上长城。

南朝初年的将领檀道济骁勇善战，屡立战功。宋文帝病危，忌其威名，召还杀之。檀道济被逮时，脱帻投地，怒云："乃坏汝万里长城！"

作用：用刘宋名将檀道济之典明志。陆游以"塞上长城"自许，可见其少时捍卫国家、扬威边地、舍我其谁的勇气。

历史典故③：出师一表。

221年，刘备称帝，诸葛亮为丞相。223年，刘备病逝，将刘禅托付给诸葛亮。为了兴复汉室，诸葛亮在平息南方叛乱之后，于227年决定北上伐魏。临行之前他上书刘禅，其书即著名的《出师表》。

作用：以诸葛亮的行为和品性表现自己的忠心。

【设计意图】

教师引导学生通过诵读，将诗句和当时的历史背景相结合，初步把握诗歌的感情基调，使学生根据字词的轻重缓急来体会作者的具体情感；引导学生自主预习，查找诗人运用的历史典故，培养学生提取历史信息和解释历史的能力。教师在教语文的同时教历史，激发学生的学习兴趣，提高课堂效率。

篇章二　　拨云见日探诗源

环节一

【情境创设】

材料2 共读诗词现情境。

酒酣胸胆尚开张，鬓微霜，又何妨？持节云中，何日遣冯唐？会挽雕弓如满月，西北望，射天狼。

——苏轼《江城子·密州出猎》

生当作人杰，死亦为鬼雄。至今思项羽，不肯过江东。

——李清照《夏日绝句》

莫等闲、白了少年头，空悲切。靖康耻，犹未雪；臣子恨，何时灭。

——岳飞《满江红·写怀》

斜阳草树，寻常巷陌，人道寄奴曾住。想当年，金戈铁马，气吞万里如虎。可堪回首，佛狸祠下，一片神鸦社鼓。凭谁问，廉颇老矣，尚能饭否？

——辛弃疾《永遇乐·京口北固亭怀古》

八百里分麾下炙，五十弦翻塞外声。沙场点秋兵。马作的卢飞快，弓如霹雳弦惊。了却君王天下事，赢得生前身后名。可怜白发生！

——辛弃疾《破阵子·为陈同甫赋壮词以寄之》

辛苦遭逢起一经，干戈寥落四周星。山河破碎风飘絮，身世浮沉雨打萍。惶恐滩头说惶恐，零丁洋里叹零丁。人生自古谁无死，留取丹心照汗青。

——文天祥《过零丁洋》

【任务驱动】

围绕"探寻中华民族精神的内涵及产生家国情怀的原因"的核心任务，设置以下问题：

材料2中的诗词对中华民族精神的启示意义体现在哪里？

【学生探究】

学生从诗词中找出共同点，合作探究，在教师的引导下开放式总结。

示例1：在民族危难之际，这些诗人作为有骨气、有担当的"时代歌手"，不但拿起武器与敌人斗争，还用自己手中犀利的笔创作出嘹亮的战歌来唤醒人民，振奋民心。

示例2：这些诗人有一腔报国热情却壮志难酬，空度岁月，其个人的遭遇也是民族命运的缩影。

示例3：诗人和这些作品都闪烁着阳刚之美，这种壮怀激烈的锐气、纵横四海的豪气、捐躯报国的正气，正是古往今来家国情怀的集中体现。

【设计意图】

教师通过回顾有关这一时期的爱国诗词，引导学生从单句诗词和整体诗词中提取有效信息，锻炼学生提炼和概括的能力，使学生认识到家国情怀是这类诗词的显著特征。

环节二

【情境创设】

材料3　对宋词中的家国情怀的探究。

词人分类	数量	现存宋词数量
两宋词人	1430 余人	20800 余首（含残篇 530 余首）
北宋表达家国情怀的词人	6 人	10 首
南宋表达家国情怀的词人	148 人	453 首

注：据徐雨婷的《南宋爱国词研究》[1] 整理而成。

材料4　两宋时期的形势图。

辽、北宋、西夏形势图（1111 年）[2]　　　　金、南宋、西夏形势图（1142 年）[3]

1　徐雨婷：《南宋爱国词研究》，硕士学位论文，陕西理工大学，2019。
2　《普通高中教科书　历史　必修　中外历史纲要（上）》，人民教育出版社，2019，第 51 页。
3　《普通高中教科书　历史　必修　中外历史纲要（上）》，人民教育出版社，2019，第 53 页。

【任务驱动】

围绕"探究两宋时代背景"的核心任务，设置以下问题链：

1. 根据材料3，结合两宋时期的形势图及所学知识探究出现表格所示现象的原因。

2. 通过分析原因，你能获得什么启示？

【学生探究】

1. 学生从表格中提取北宋和南宋表达家国情怀的词人和词的信息，进行对比、归纳；根据性质分类的方法，结合两宋时期的形势图展开讨论，在历史教师的引导下总结原因。

相较于北宋，南宋表达家国情怀的词人和蕴含家国情怀的词作数量大幅增长。原因如下：

政治：① 宋朝强化专制集权，内部统治相对稳定，但过度的集权导致守内虚外，积贫积弱，与北方民族交战长期处于劣势。公元1127年，靖康之难，南宋偏安，长期的崇文抑武政策迫使南宋统治者屈辱求和，同金进行了"绍兴和议"，此后双方处于长期对峙局面。② 文化政策相对宽松，科举制度逐渐完善。

经济：宋朝农耕经济繁荣，商品经济进一步发展。经济重心南移完成并巩固，海外贸易发达。城市兴盛，生活丰富，市民阶层的兴起也意味着对世俗文化的需求扩大。

思想：① 宋初，士大夫掀起儒学复兴运动，恢复并强化了社会伦理道德秩序，改变了知识分子的精神风貌。② 程朱理学强调通过道德自觉达到理想人格的建树，强化了中华民族注重气节和德操、注重社会责任与历史使命的文化性格。

2. 教师引导，学生结合唯物史观自主概括。

一定时期的文学艺术是当时经济发展、政治变迁的综合反映，体现了经济基础与上层建筑、社会存在与社会意识辩证统一的原理。

【设计意图】

教师通过引导学生分析表格数据，培养学生历史解释的核心素养。教师引导学生解读两宋时期的形势图，培养学生识图能力、时空观念等核心素养，强化学生对"辽、西夏、金、元对统一多民族国家的发展作出了贡献"的认识，增强学生的民族自豪感。教师引导学生根据所学知识自主探究蕴含家国情怀的南宋词作相较于北宋词作数量有变的原因，培养学生的唯物史观。

【情境创设】

展示鲁迅、袁隆平、钟南山、陈祥榕等人及中国女排的图片。

【任务驱动】

围绕"现当代富有家国情怀的人"的核心任务，设置以下问题：

作为有为青年，我们从鲁迅、袁隆平、钟南山等人身上汲取了哪些智慧？请你从图片中任意选取一个人物谈谈你的感想。

【学生探究】

学生基于图片，结合教师的引导进行开放式总结。

示例1：在2003年非典暴发时，六十七岁的他站了出来，用铿锵有力的一句"把病人都送到我这里来"为医护人员和大众注入信心；2020年新冠疫情暴发时，这位耄耋老人号召大家待在家中，自己却逆行去了最危险的地方。

示例2："清澈的爱，只为中国。"这是十八岁的陈祥榕写下的战斗口号。他在中国西部边陲喀喇昆仑高原加勒万河谷边境冲突中突入重围，营救战友，英勇战斗，奋力反击，毫不畏惧，直至壮烈牺牲。除了陈祥榕，还有营长陈红军、战士肖思远、战士王焯冉……这些边防的英雄官兵把青春、鲜血乃至生命留在喀喇昆仑高原，筑起巍峨界碑。

【设计意图】

教师引导学生寻找现当代富有家国情怀的人，尤其是最近的时代楷模，学习他们身上的优秀品质，进一步调动学生学习的积极性和主动性。

▶▶ **课堂小结**

本课中，篇章一从诵读诗歌、借助典故理解诗意入手，分析陆游所处的时代和他抒发的愤懑之情。篇章二通过探究诗词中的中华民族精神的内涵，让学生认识到一定时期的文学艺术是一定时期的经济、政治状况的反映，经济基础决定上层建筑，社会存在决定社会意识。篇章三让学生通过现当代富有家国情怀的人的优秀品质认识到，这些看似平凡的人并不平凡，他们能给予我们强大而坚定的力量。正是无数的爱国志士凝就成中国的脊梁，塑造着中华民族精神的内核。现代青年应以他们为榜样，厚植家国情怀，书写青春时代之华章，更好地继承和发扬中华优秀传统文化。

👤 **反思感悟**

跨学科整合可以提高学生学习的兴趣和积极性，同时也有助于提高学生的综合素质，进一步发展学生的核心素养，促进学生学习方式的转变，加强学生运用多学科知识与技能进行综合探究的能力。

一方面，以语文学科为切入点，恰当融合。以《书愤》为对象，利用诗人的年龄导入新课；将陆游的家国情怀与当时的历史背景相结合，让学生更进一步理解诗人的真挚情感；以现当代爱国志士为引，呈现厚植在中华民族血液中的家国情怀。遗憾的是，在读诗歌、品诗情上解读得不够深入，学生只是关注了读音方面，而忽略了诗的意思。整体而言，学生积极主动地参与到课堂中来，语言表达能力与思维能力获得提升。两科围绕陆游的爱国和时代背景，纵向呈现，以小见大，由一个人到一个时代的人再到现当代人的家国情怀，自然衔接，融会贯通，深入落实学科核心素养。

另一方面，以历史学科为抓手，深入延伸。利用表格和地图创设情境，简而精地引出问题，避免史料堆砌，便于学生快速准确地筛选信息。问题设置具有梯度，以蕴含家国情怀的宋词的数量变化为引，结合两宋时期的形势图，分析变化原因，最后得出启示。层层导问，由易到难，培养学生的逻辑思维能力和史料分析能力。

跨学科主题教学中体现的问题意识、思维方式、品质要求等应当为学生的终身发展奠定基础。尽管"如何更好地实现知识融通"这个问题看似悬而未决，但这项工作值得继续推进。

专家点评

本课为家国情怀主题，能够高度体现国家意志，引导学生树立家国情怀意识，契合社会主义核心价值观的要求；以语文、历史两科融合的方式设计与开展教学，从陆游富有家国情怀的代表作《书愤》延展开来，整合聚焦语文和历史学科的核心素养，进而实现传导课程标准要求的核心价值的教学目的。

两科教师在学科素养的达成上做得非常好。历史教师征引相关文献，设置梯度问题链，层层导问，由易到难，培养学生的逻辑思维能力和史料实证能力，涵养家国情怀。语文教师语言运用能力很强，从导入延展到对诗歌内容的理解、对诗歌情境的把握，最后链接到现当代富有家国情怀的人，每一个环节都干净利落。最重要的是，在突出学生的主体性方面，语文教师做得相当不错，能够关注到学生回答的具体问题。例如，在学生论说现当代楷模身上的家国情怀时，对每个学生的答案都能做客观的、具体的、鼓励性的评价。这对调动学生的积极性有很大帮助，有利于培养学生的学科核心素养。另外，语文教师很有感染力，而这是带动学生积极融入课堂最有效的方式之一，也应该是我们所有教师在课堂中积极努力的方向。

跨学科主题教学打破了学生的固有思维模式，一改传统教学方式。跨学科主题教学可以提高学生学习的兴趣和积极性，同时也有助于提高学生的综合素质，在高中教学中具有广泛的应用前景。通过跨学科主题教学，学生可以更全面地理解和掌握学科知识，同时提高创新思维能力和实际应用能力。教师应该积极地采用跨学科主题教学方法，帮助学生更好地学习。

（点评人：唐琴，正高级教师、特级教师）

7 民族英雄戚继光 [1]

▶▶ 课程标准

1. 通过了解民族英雄戚继光的生平事迹和成就，知古鉴今，传承民族气节，崇尚英雄气概，认识中华文明的历史价值和现实意义，认识并弘扬以爱国主义为核心的民族精神和以改革创新为核心的时代精神。[2]（历史）

2. 用艺术的眼光发现书法作品中美的元素，分析艺术作品的品位和意蕴，体现健康、高雅的审美情趣。[3]（艺术）

3. 熟悉信息系统安全防范的常用技术方法，树立信息安全意识。从生活实例出发，运用恰当的描述方法和控制结构表示简单算法。[4]（信息技术）

4. 体悟个人成长与职业世界、社会进步、国家发展、人类命运共同体的关系，增强根据自身兴趣专长进行生涯规划和职业选择的能力。[5]（综合实践活动）

▶▶ 教学立意

知古鉴今，深入挖掘民族英雄戚继光的爱国主义精神，引导学生居安思危，树立和坚持正确的历史观、民族观、国家观、文化观、安全观、发展观，增强做中国人的骨气和底气。

▶▶ 学习目标

1. 了解戚继光生平事略，能用恰当的时空尺度对戚继光的生平事迹和成就进行分析、综合、比较。

2. 分析戚继光的艺术作品，从中汲取思想、情感和艺术的营养，初步掌握书法作品的创作思路。

3. 了解我国信息安全方面的知识，居安思危，认识到信息安全的重要性；树立信息安全意识，创新实践，自觉遵守法律法规和伦理道德。

4. 激发爱国热情，培养家国情怀，树立正确的世界观、人生观和价值观，

1　设计者：谢亭，可克达拉市镇江高级中学信息教师（镇江市丹徒高级中学援疆教师），镇江市骨干教师；刘剑，可克达拉市镇江高级中学信息教师（镇江市外国语学校援疆教师），镇江市学科带头人。

2　《普通高中历史课程标准（2017版2020年修订）》，人民教育出版社，2020，第7页。

3　《普通高中艺术课程标准（2017版2020年修订）》，人民教育出版社，2020，第13页。

4　《普通高中信息技术课程标准（2017版2020年修订）》，人民教育出版社，2020，第13、16页。

5　《中小学综合实践活动课程指导纲要》，北京师范大学出版社，2017，第7页。

发挥主人翁意识，将个人的发展与国家的发展联系起来。

▶▶ 教学策略

本课设置"史料纪实——戚继光的传奇""艺术鉴赏——戚继光的书法""信息安全——戚继光的密码本""知古鉴今——戚继光给我们的启示"四个篇章突破主题。

语文与历史学科合作，通过浙江地区流传的童谣导入新课，并结合《戚继光传》进行史料解读，了解戚继光传奇的一生，并对其精神特征进行分析。

艺术与语文学科合作，通过分析戚继光的书法作品，提升学生艺术鉴赏能力，感受戚继光的英雄气概和创作才华，进一步了解戚继光的成就。

信息技术与历史学科合作，了解戚继光对我国信息安全发展的贡献，感受其先进性，引导学生树立信息安全意识；进一步展示戚继光的成就，全面深入了解和分析戚继光，为学生的成长发展提供参考，激发学生为国奉献的精神。

本课围绕"民族英雄戚继光"，从多个视角自然引入，融会贯通，既展示了民族英雄的风采，又在学生心中种下了居安思危、忧国忧民、为国奋斗的种子，有助于中华优秀传统文化的传承和社会主义核心价值观的践行。

▶▶ 教学重难点

重点：民族英雄戚继光的家国情怀。

难点：提取戚继光思想的精髓，继承和弘扬戚继光的思想。

▶▶ 教学设计

课堂导入 🔗

材料1　天皇皇，地皇皇，莫惊我家小儿郎。倭倭来，不要慌，我有戚爷来抵挡。[1]

《哄姆谣》是浙江地区哄婴孩时唱的童谣。童谣中的"倭"指的是倭寇，"戚爷"则指民族英雄戚继光。今天这节课就让我们走进戚继光，了解他的光辉事迹。

教学过程 ⚙

篇章一　　史料纪实——戚继光的传奇

【情境创设】

材料2　戚继光，字元敬。幼倜傥，负奇气。家贫，好读书，通经史大义。嘉靖中嗣职，用荐擢署都指挥佥事，备倭山东。

1　徐兆格、陈银兰：《平阳童谣》，西泠印社出版社，2020，第113页。

继光至浙时，见卫所军不习战，而金华、义乌俗称剽悍，请召募三千人，教以击刺法，长短兵迭用，由是继光一军特精。又以南方多薮泽，不利驰逐，乃因地形制阵法，审步伐便利，一切战舰、火器、兵械精求而更置之。"戚家军"名闻天下。

四十年，倭大掠桃渚、圻头。继光急趋宁海，扼桃渚，败之龙山，追至雁门岭。贼遁去，乘虚袭台州。继光手歼其魁，蹙余贼瓜陵江尽死。先后九战皆捷，俘馘一千有奇，焚溺死者无算。

明年，倭大举犯福建。闽中连告急，宗宪复檄继光剿之。先击横屿贼。人持草一束，填壕进，大破其巢，斩首二千六百。乘胜至福清，连克六十营，斩首千数百级。

戚继光像

继光为将号令严，赏罚信，士无敢不用命。隆庆初，给事中吴时来以蓟门多警，请召大猷、继光专训边卒。继光乃议立车营。车一辆用四人推挽，战则结方阵，而马步军处其中。又制拒马器，体轻便利，遏寇骑冲突。寇至，火器先发，稍近则步军持拒马器排列而前，间以长枪、筤筅。寇奔，则骑军逐北。节制精明，器核犀利，蓟门军容遂为诸边冠……

自嘉靖庚戌俺答犯京师，边防独重蓟。增兵益饷，骚动天下。继光在镇十六年，边备修饬，蓟门宴然。继之者，踵其成法，数十年得无事。[1]

【任务驱动】

围绕"史料纪实——戚继光的传奇"的核心任务，设置以下问题链：

1. 根据材料2，找出选文中描写"戚家军"建军情形的语句，概括说明"戚家军"为什么能名闻天下。

2. 从选文来看，抗倭行动主要涉及下列哪些省份？请概括描述其总体地理特征。

　①浙江　　②山东　　③福建　　④广西
　⑤贵州　　⑥河北　　⑦天津　　⑧湖南

3. 有人在论及古代将领时，曾评价"戚继光创造的千秋战绩与铸就的卓著功勋，是没有人能够与之媲美的"。概括选文，说说为什么戚继光会被如此称赞。

1　朱亚非：《戚继光志》，山东人民出版社，2009年，第303—308页。

探究·践履——跨学科主题教学设计

【学生探究】

1. 学生解读选文，小组协作，合作探究，高度概括。

材料2的第二段指出，戚继光招募剽悍的士兵，教他们攻击、刺杀的方法，长短兵器轮番使用。从此，戚继光的部队特别精锐。又因为南方有很多沼泽湖泊，不利于骑马追逐，他便根据地形编制阵法，仔细考察步行作战的便利之处，所有战舰、火器、兵械都精心研制，然后加以更换。

2. 学生结合选文、地理知识和教师的引导进行解答。

抗倭行动主要涉及天津、山东、浙江、福建等地，都属于我国的沿海区域。

3. 学生联系全文，结合已有知识，重点剖析戚继光功勋卓越的原因。

要点：带兵有方，注重训练；注重配合，因地制宜；善于制定战术，编制阵法；能够研制改良兵器；军纪严明，赏罚分明，有威信；修筑防御工事，对继任者影响深远。

【设计意图】

教师引导学生阅读史料，通过阅读与鉴赏、表达与交流、梳理与归纳、合作与探究等实践，使学生积累语言经验，掌握古文的运用规律；引导学生学会阅读古文、概括古文，在学习语言文字运用的过程中促进学生方法、习惯、情感、态度与价值观的综合发展，使学生感受到祖国语言文字的独特魅力，增强学生热爱祖国语言文字的感情；强化学生区域认知素养，通过概括地理特征提高学生分析和认识地理环境的能力。通过学习史料，学生进一步了解民族英雄戚继光：一方面接受戚继光思想的熏陶，传承其民族气节，崇尚其英雄气概，认识并弘扬以爱国主义为核心的民族精神，树立正确的世界观、人生观、价值观；另一方面学习戚继光的睿智，以其典型事例开拓视野，培养创新和实践能力。

篇章二　　艺术鉴赏——戚继光的书法

【情境创设】

材料3

部兵戍蓟①

叱马过幽州②，横行北海头③。

朔风喧露鼓，飞电激蛇矛。

奋臂千山振，英声百战留。

天威扬万里，不必倖封侯。

注：① 蓟：蓟州镇。明政府为防备蒙古骑兵南下入侵，沿长城线路设置了九个军事重

镇，蓟州镇是其一。蓟州镇防区东自山海关，西至居庸关，包括当时永平府（今河北唐山、秦皇岛一带）及京师所在地顺天府北部地区。因兵力不足，蓟州镇每年从山东、河南等地调兵轮番戍守。从嘉靖二十七年（1548）起，戚继光连续五年每年一次奉命部兵值戍。此诗作于首次戍蓟时，戚继光自编诗集《横槊稿》未收，今见于蓬莱市水城新修之太平楼厅壁，标题拟加。诗末附言："戊申九秋奉天使巡狩过幽州道上句。"戊申为嘉靖二十七年，这一年诗人二十一岁。九秋即指秋季。

② 幽州：古州郡名，今河北省北部一带，此指蓟州。

③ 北海头：指蓟州。蓟州临近渤海，隔海遥对登州，从登州望去是在北海之边。[1]

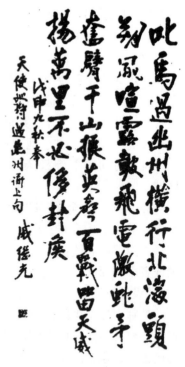

戚继光书法作品

【任务驱动】

围绕"艺术鉴赏——戚继光的书法"的核心任务，设置以下问题链：

1. 书法艺术的鉴赏角度包括线条、节奏、力度、结构、气韵等。请根据教师提供的自主学习资源包和自身所学知识，探究戚继光书法的特点。

2. 请摘选《部兵戍蓟》中的一句进行硬笔书法艺术作品创作，注意线条、节奏、力度、结构、气韵等的设计。组内互评，并给出改进意见。

3.《部兵戍蓟》这首诗表达了戚继光什么样的思想情感？

【学生探究】

1. 学生欣赏书法作品，结合注释、自己的知识体系和教师提供的资源包，发散思维，小组合作，探究分析。

要点：线条奔放；节奏鲜明；笔力雄劲；结构错落有致；收放自如；气韵贯通一致；直抒胸臆。

2. 学生自主创作，然后组内自评、互评，发现优点和不足，并给予建设性的意见。

通过赏析并甄选优秀作品进行展览，促使学生对自己的作品进行打磨。

1　蓬莱市历史文化研究会：《戚继光诗稿》，黄河出版社，2007，第6页。

3. 学生小组合作，分析总结。

《部兵戍蓟》表达了戚继光精忠报国、建功立业、激奋昂扬、英勇无畏、不怕牺牲的情感，彰显了戚继光的家国情怀和民族精神。

（言之有理即可。）

【设计意图】

教师从艺术的角度出发，通过戚继光的书法，引导学生观察和探索节奏、色彩、力度、结构等艺术要素，以及这些艺术要素在艺术作品中的意义与作用，激发学生的艺术学习兴趣，提高学生的艺术感知能力和审美情趣；引导学生进行个性化的创意表达，探究美的表现形式，表现理想信念，放飞青春梦想；引导学生把握艺术作品的精神内涵与艺术价值，汲取思想、情感和艺术的营养，尤其是戚继光的家国情怀和民族精神。

篇章三　信息安全——戚继光的密码本

【情境创设】

材料4　现代间谍离不开密码，而历史上中国人很早就开始使用密码了。

阴符可算是中国最早的军事密码。使用时双方各执一半，以验真假。与阴符配合使用的还有阴书，就是将一份完整的情报写成三部分，分别送出。在此基础上，古人又发明了代号、暗号、字验等间谍手段。字验已与现代密码原理十分接近，不同的是，它以汉字代替阿拉伯数字。据《武经总要》记载，宋朝时官方将常用的40个军事短语分别用40个字来代替，然后编出一首40个字的诗，作为"密码本"。

到16世纪中叶，中国出现了真正的密码——反切码。其原理与现代密码的设计原理完全一样，但比现代密码更难破译。它是使用汉字的反切注音法来进行编码的，发明人是著名的抗倭将领戚继光。

戚继光专门编了两首诗歌："柳边求气低，波他争日时。莺蒙语出喜，打掌与君知。""春花香，秋山开，嘉宾欢歌须金杯，孤灯光辉烧银缸。之东郊，过西桥，鸡声催初天，奇梅歪遮沟。"

前一首诗歌的前15个字为声母，依次编号为1—15；后一首诗歌的36字为韵母，按顺序编号为1—36；然后再将当时字音的8种声调也按顺序编号为1—8，就编写出了完整的反切码体系。

根据反切注音法，如果密码的编码是"5—25—2"，那么5是声母"低"字，25是韵母"西"字，2是声调的二声。据此，"5—25—2"就可以读为

"敌"字。戚继光还专门编写了《八音字义便览》，作为训练情报人员的专门教材。[1]

【任务驱动】

围绕"信息安全——戚继光的密码本"的核心任务，设置以下问题链：

1. 趣味活动：模仿"戚家军"进行情报传递，体会反切码的神奇之处。要求两个小组搭配，一组发布密文，一组解密成明文，之后两个小组角色互换。

密文	明文

2. 小组合作，结合信息技术教材中的凯撒密码和视频《明朝抗倭名将戚继光发明的军事密码》，分析戚继光的反切码为什么很难破解，探究戚继光密码本的神奇之处。结合对加密和解密的学习，尝试设计自己的加密算法，可以以流程图、表格、文字等方式进行描述。

【学生探究】

1. 学生在理解的基础上进行小组合作，体验加密和解密的过程，探究密钥的重要作用。

密文的编码方式是"声母编号—韵母编号—声调编号"。声母编号采用戚继光的声母密码本，韵母编号采用戚继光的韵母密码本，声调按照调号编号。

2. 学生结合已有的知识，组内探讨，比较分析。

凯撒密码是加法密码，即按照字母表移位进行替换加密，方法简单；反切码则基于中国传统文化，通过声母、韵母、声调多重组合的加密方法进行，并将密码本编制成诗歌。反切码既不失传统，又体现了加密的先进性，破译十分困难。其神秘之处也在此：既沿用了古代密码学的原理，又融合了深厚的中华文化底蕴。把密码本编制成诗歌，会让外人很难理解。

算法要求：算法表达形式可以是流程图、表格、文字等，但是要符合规范。算法设计只要能够实现加密和解密的一致性即可，可以从解密的难度、加密的可靠性和易用性、加密的艺术性等出发进行评价。

【设计意图】

教师通过戚继光的反切码创设情境和活动，激发学生兴趣。相关探究分析

1　倪方六：《间谍史上"四大发明"：戚继光的密码比今天先进》，《科学大观园》2012年第3期。

能让学生全面体验加密和解密的过程，了解我国信息安全传统技术的先进性，以及加密和解密技术的历史，激发学生的爱国热情和对戚继光的崇敬之情。教师适时培养学生的信息安全意识，引导学生设计加密算法，提升学生的计算思维和数字化创新实践能力，同时唤起学生的信息责任意识，从自己做起，遵守信息保密的相关法律和伦理道德，维护健康的信息环境。

篇章四　　知古鉴今——戚继光给我们的启示

【情境创设】

材料5　戚继光南征北战40多年，屡建奇功，并在戎马倥偬中及时记录总结自己领兵打仗、练兵备战的经验，写下《纪效新书》（十八卷本和四卷本）和《练兵实纪》两部军事著作，以及《止止堂集》和不同时期报给朝廷的大量奏疏条议。它们流传后世，影响深远，发展了古代军事理论，丰富了我国的兵学宝库。《四库全书》收录兵书20部，其中就包括戚继光的《纪效新书》（十八卷本）和《练兵实纪》。这两部著作更是被列入"中国古代十大兵书"，备受兵家重视。

从军事思想上讲，戚继光可谓"孙武第二"，其取得的军事实践成果也极为丰硕。他是兵中儒将，又是"军中鲁班"。作为杰出的兵器专家和军事工程家，他创制改造诸多火器、兵器，铸造建成大小战船、兵车。他改革创新阵法、练法、刀法、拳法，同时创造性地在长城上修建空心敌台。这样的敌台既是战时戍边御敌的军事工程，也是平时别具特色的亮丽风景。[1]

【任务驱动】

围绕"知古鉴今——戚继光给我们的启示"的核心任务，设置以下问题链：

1. 小组讨论：阅读材料5，结合前述材料与资源包，谈谈戚继光对你有哪些成长的启示。

2. 通过本节课的学习，我们知道个人的发展和国家的发展是息息相关的。请结合当前社会背景和国内外形势，分析和思考个人职业发展方向，课后完成个人职业生涯规划书。

1　冯国权、胡长秀：《抗倭英雄：戚继光传》，华中科技大学出版社，2018，第2页。

姓名		班级	
出生年月		拟从事的职业	
职业规划			
背景分析	（结合当前社会背景、国内外形势，分析国家的优势或者弱势行业）		
自我分析	（从兴趣爱好、个人优缺点、性格特征等分析）		
拟从事的职业分析	（从当前的职业现状、发展的方向等分析）		
实施计划	1. 短期计划（拟定将要参加高考的科目组，重点学习的学科，选择几个打算就读的高校和专业） 2. 中期计划（在高校的学习计划） 3. 长远计划（选择的工作单位、从事什么方面的岗位）		

【学生探究】

1. 学生小组讨论，开放式作答，充分展示本课内容习得后的所思所想。

偏重于学生生涯指导方面，让学生思考未来想成为什么样的人，而今需要做哪些努力，如德智体美劳全面发展、注重学习反思和记录、勇于创新实践等。

2. 学生结合当前形势和对未来的期盼，开放式思考，注重思维的发散性。

可涉及信息安全、军事策略、兵器建设、教师教育等。针对具体事例，择其一两点谈谈个人职业发展方向，要逻辑性强，论点明确，论据充分。课后完成职业生涯规划书。可按照提示内容完成，也可自主添加项目。

【设计意图】

教师通过介绍戚继光一生的辉煌成就，引导学生思考自己的人生，明确自己的发展方向，进一步培养学生的爱国情感和家国情怀，增强学生的理想信念和社会责任感。

▶ 课堂小结

戚继光是我国历史上的抗倭名将，是杰出的军事家，同时也是书法家和诗人。通过本节课的学习，我们了解了戚继光传奇的一生。戚继光是我们钦佩和学习的榜样。首先，我们感叹于戚继光忠贞不渝的爱国热情和忧国忧民的家国情怀，这是他成为民族英雄的精神基础。学生是国家建设的年轻一代，只有学习他的这种精神，才能更好地为国家作贡献。其次，我们仰慕于戚继光的多才多艺。他在书法、文学、军事等方面均有创新实践。这启示我们，一个人要想名垂青史，不仅仅要有一番作为，还要能为后世的发展留下宝贵的财富。这还启示我们，学生除了要学好文化知识，还应该德智体美劳全面发展，做具有创新精神的人，做对国家发展有贡献的人。

面对日益复杂的国际形势，作为年轻一代，我们在享受国家发展红利的同时，要时刻保持警醒，居安思危，树立报效祖国的远大理想，积极为国家的发展献策献力。唯有祖国的强大，才有人民的幸福生活。有大家才有小家，这是历史不断证明的。为中华之崛起而读书，为实现中华民族伟大复兴而努力，这也正是我们学习的意义所在。

👤 反思感悟

跨学科主题教学是一个新的领域。在看到戚继光对我国信息安全的贡献后，我们不由赞叹，于是设计了以民族英雄戚继光为主线的跨学科主题教学。为了更加生动地展示戚继光的多才多艺和伟大成就，我们截取多个视角的材料，涉及艺术、信息技术、历史、语文等多学科的内容。戚继光不仅战功卓越，而且留下了宝贵的精神财富。

为了引导学生深入探究过程，本课设计了多个开放式的任务，通过小组协作、合作探究的方式推动学生主动参与。教师发挥主导作用，构建支架，为学生的探究提供方向和思路。但是，鉴于跨学科主题教学课是非常规课，缺乏探索经验，所以我们也只是蜻蜓点水，浅尝辄止。这也是本课需要改进的地方。

跨学科主题教学对教师来讲既是一种锻炼也是一种磨炼。锻炼是在学生综合素质提升的过程中，教师的综合素养也不断提升，尤其是重拾了以前各学科的知识；磨炼是教师不断检索各种资料和信息，培养了韧性和耐心，收获了成长。

总体来讲，本课还有许多需要改进的地方。唯有不断地发展，才能不断地发现问题和解决问题，也唯有不断地反复，才能保证发展的深入有效。

 **专家点评**

　　"民族英雄戚继光"一课基于项目化课程设计理念，选择历史英雄人物创设主题，运用综合实践活动、信息科技等学科的知识，以跨学科思维设计了"史料纪实——戚继光的传奇""艺术鉴赏——戚继光的书法""信息安全——戚继光的密码本""知古鉴今——戚继光给我们的启示"四个篇章，自然流畅，逻辑性强。本课教学设计在新课程标准的指导下，注重学生核心素养的发展，围绕史料实证、信息意识、艺术审美情趣、创意表达等多学科核心素养目标展开。本课通过视频、图片、文本等创设数字化学习环境，让学生根据自己的学习特点有选择性地使用；有效帮助学生解决问题，体现了个性化学习的内涵，有益于学生的知识建构。教师在教学过程中创设形式多样的学习活动，强化了学科间知识的关联与融合，拓展了学习的深度，注重培养学生解决问题的能力，以及思辨能力、跨学科思维能力。总体来说，本课是一次基于学科课程进行综合化教学的大胆尝试和有益探索，体现了跨学科主题教学的价值。

（点评人：熊善军，正高级教师）

8　卡伦——锡伯族"西迁"精神的写照[1]

▶ **课程标准**

1. 了解中国古代的民族政策和边疆管理制度，认识中国作为统一多民族国家的发展历程。[2]（历史）

2. 结合实例，解释内力和外力对地表形态变化的影响，并说明人类活动与地表形态的关系。能够运用自然环境的整体性和地域分异规律，认识区域的自然地理，辨识某些自然地理要素与人类活动相互作用的主要方式和结果，掌握因地制宜等基本地理思想方法。[3]（地理）

▶ **教学立意**

清朝乾隆时期，锡伯族官兵奉命从东北沈阳来到西北边疆戍边屯垦的历史，也是孕育并形成锡伯族爱国奉献的"西迁"精神的历史，彰显了强烈的中华民族共同体意识。

▶ **学习目标**

1. 了解清政府在西北边疆设置卡伦和锡伯族军民西迁的史实，理解清政府征调锡伯族官兵屯驻伊犁和设置卡伦的目的、意义，认识锡伯族军民西迁和戍边屯垦等经略西北的措施对巩固大一统国家的历史意义，体会锡伯族"西迁"精神的内涵。

2. 根据时间和沿途的地理位置，推测可能遇到的天气现象与困难；根据伊犁地区地形图，指出卡伦的空间分布特点并说明成因；分析卡伦分布的自然因素和人文因素。

3. 综合运用历史、地理学科知识对锡伯族官兵西迁的目的、途中遇到的困难、卡伦的分布特点和锡伯族的戍边职责进行分析，培养学科核心素养，通过对锡伯族"西迁"精神及卡伦遗址的保护开发等开展小组合作探究，认识人地协调发展和可持续发展的重要性，发展跨学科综合思维能力。

▶ **教学策略**

本课设置"从东北到西北——孕育锡伯族'西迁'精神""戍边屯垦——

1　设计者：李刚，可克达拉市第一高级中学历史教师，兵团第四师可克达拉市骨干教师；徐美芝，可克达拉市第一高级中学地理教师。

2　《普通高中历史课程标准（2017年版2020年修订）》，人民教育出版社，2020，第23页。

3　《普通高中地理课程标准（2017年版2020年修订）》，人民教育出版社，2020，第12—13页。

形成锡伯族'西迁'精神""保护卡伦——传承锡伯族'西迁'精神"三个篇章突破主题。

地理与历史学科合作，通过乾隆时期锡伯族军民从东北迁到西北的史实，分析锡伯族军民的踏雪西迁所蕴含的爱国主义精神。

通过分析清政府在西北边疆设置大量卡伦的史实，认识卡伦分布的特点，理解卡伦作为锡伯族"西迁"精神的象征在维护祖国西北边疆安全与稳定方面所起到的重大战略意义。

基于当前卡伦遗址的现状，分析卡伦遗址遭到破坏的原因，并认识保护卡伦遗址对于传承和发扬锡伯族"西迁"精神的价值。

两科围绕"卡伦——锡伯族'西迁'精神的写照"自然衔接，融会贯通，使学生认识到锡伯族军民保境安民、稳定团结、发展建设的行为追求对维护祖国统一多民族国家的稳固和中华民族共同体意识的培育起到的积极作用。

▶▶ 教学重难点

重点：锡伯族西迁的史实和锡伯族"西迁"精神的内涵。

难点：卡伦的分布特点及设置原因，锡伯族"西迁"精神蕴含的中华民族共同体意识。

▶▶ 教学设计

课堂导入 🔗

材料1 清政府巩固西北边疆图。[1]

清政府巩固西北边疆图

结合清政府巩固西北边疆图，我们看到：1757年，清政府平定准噶尔叛乱；1759年，清政府平定大、小和卓叛乱，重新统一新疆。回顾历史，我们得知：清政府为巩固西北，设置伊犁将军进行管辖。为了加强伊犁地区的驻防，以及开展农业生产，清政府于乾隆二十九年（1764）从今沈阳等处挑选了一批骁勇善战的官兵，赴新疆伊犁察布查尔戍边屯垦。这些人在伊犁设置卡伦、屯垦戍边、保家卫国的英雄事迹被代代传颂。

---

1 《中国历史地图册 七年级》下册，中国地图出版社，2016，第63页。

【设计意图】

教师以地图导入新课，让学生在特定时空背景下感受清政府为巩固大一统国家所做的努力，从唯物史观的高度认识到中华民族的历史是各族人民共同缔造的。教师从现实话题引发思考，为引出"卡伦——锡伯族'西迁'精神的写照"这一主题埋下伏笔。

教学过程 ⚙️

篇章一　　从东北到西北——孕育锡伯族"西迁"精神

【情境创设】

材料2　锡伯族西迁路线示意图。[1]

锡伯族西迁路线示意图

材料3　锡伯族西迁信息表。

时间	1764 年 5 月 10 日开始西迁，1765 年 9 月 6 日到达
人员构成	锡伯族士兵 1000 名，官吏 20 名，眷属 2255 名，实到人数 5043 人（含新生儿和沿途跟随者）
起止地点	辽宁沈阳——新疆伊犁察布查尔
物资装备	木轮牛车、行装、弓箭、刀枪、粮食、帐篷、火种、五谷籽种
主要途经地点	沈阳、彰武台边门、通辽、开鲁、科尔沁草原、锡林郭勒大草原、西乌珠穆沁—东乌珠穆沁、右翼后旗、中前旗、车臣汗旗、蒙古大草原、乌里雅苏台（抵达后扎营休整了 7 个月）、科布多（正值阿勒泰山积雪大量融化，多河涨水，水深流急）、阿勒泰山、科齐斯山、额尔齐斯河、布尔津、和布克赛尔、察汗鄂博、额敏、博尔塔拉、巴尔鲁克（果子沟）、伊犁绥定（今霍城县）、惠远、察布查尔

注：据吴世旭《锡伯族西迁》[2] 整理而成。

　　材料4　乾隆统治前期，清政府平定阿睦尔撒纳与大小和卓叛乱后，重新统一新疆，并设伊犁将军，加强中央对边疆地区的管辖。为了加强伊犁地区的驻防，并开展农业生产，清政府于乾隆二十九年四月十日（1764 年 5 月 10

1　吴世旭：《锡伯族西迁》，辽宁民族出版社，2011，文前插图。

2　吴世旭：《锡伯族西迁》，辽宁民族出版社，2011。

日），从盛京所属的沈阳等 15 处，抽调锡伯族士兵 1000 名、官吏 20 名，连其眷属共 3275 名，迁徙到新疆伊犁察布查尔地区屯垦戍边。[1]

【任务驱动】

围绕"锡伯族西迁途中孕育'西迁'精神"的核心任务，设置以下问题链：

1. 联系所学地理知识，结合材料 2、材料 3，分析锡伯族军民在从沈阳赴察布查尔途中会遇到哪些天气障碍和生活困难（用列表的方式呈现）。

2. 依据材料 4，分析锡伯族军民从东北迁徙到西北边疆的目的。

【学生探究】

1. 学生从自东向西的时空对应入手，在教师的引导下合作探究，进行总结。

时间	锡伯族军民西迁所经主要地点及所遇困难	
	地点	天气障碍、生活困难
1764 年 7—8 月	西乌珠穆沁—东乌珠穆沁	风沙、饮用水缺少导致前进速度慢
1764 年 9 月—1765 年 3 月	乌里雅苏台	寒潮、冻害、牲畜饲料缺少，影响人畜正常生存
1765 年 3—6 月	科布多、阿勒泰山、额尔齐斯河	春季回暖，易发生瘟疫；积雪融化及河流融冰，凌汛，河水上涨，影响渡河
1765 年 6—7 月	果子沟	山地强降雨，诱发山洪

2. 学生阅读史料，提取有效信息，归纳总结，合作展示。

要点：加强伊犁地区的驻防，稳固西北边防；开展农牧业生产，发展西北边疆经济。

【设计意图】

教师引导学生通过材料中的时间和地点节点，再根据气候、地形、水文等知识点来解答，使学生认识到区域之间的差异；引导学生将基本知识与区域地理特点相结合，深化学生对区域的认知。

该篇章以文字材料创设问题情境，做到"无情境不设问"，通过历史与现实的联结回归现实生活，同时引导学生从材料中提取关键信息，提高学生的综合思维能力。

> **篇章二　戍边屯垦——形成锡伯族"西迁"精神**

【情境创设】

材料 5　卡伦遗址分布图。[2]

1　梁爽：《锡伯族的西迁与家国情怀传承》，《文化遗产》2020 年第 4 期。
2　郝园林：《清代伊犁卡伦的考古调查与初步研究》，《北方文物》2021 年第 1 期。

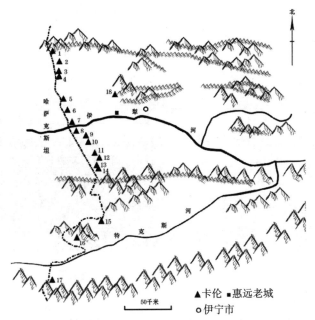

注：1. 阿尔索胡尔卡伦。2. 契格尔干卡伦。3. 富尔干卡伦。4. 沙彦卡伦。5. 察汗鄂博卡伦。6. 登元卡伦。7. 河源卡伦。8. 头湖卡伦。9. 梧桐孜卡伦。10. 纳旦木卡伦。11. 阿布散特尔卡伦。12. 多兰图卡伦。13. 叶库尔浑卡伦。14. 洪纳海卡伦。15. 哈桑卡伦。16. 格登山卡伦。17. 纳林哈嘎勒卡伦。18. 朝阳洞卡伦。

材料6 伊犁将军每年都会奏派领队大臣率领由满洲、锡伯、索伦三营选派的官兵分队巡查布鲁特（伊犁西南）和哈萨克游牧地界，遇有偷盗、越界时，还需实施惩罚。

道光六年（1826）七月，在英国殖民主义者和浩罕统治者的怂恿和支持下，张格尔大举进犯南疆。锡伯营官兵奉命，远赴南疆，与各族军民并肩作战，为取得战争的胜利立下了汗马功劳。[1]

材料7 嘉庆七年（1802），锡伯营总管图伯特亲率锡伯营军民，破土动工，采取边挖渠边引水种田的方法，经过七年的辛勤劳动，至嘉庆十三年（1808）挖成了一条二百余里的大渠。这条新开大渠被称作察布查尔渠，又称锡伯新渠。[2]

材料8 察布查尔锡伯自治县纳旦木卡伦效果图。[3]

1　吴世旭：《锡伯族西迁》，辽宁民族出版社，2011，第125页。

2　吴世旭：《锡伯族西迁》，辽宁民族出版社，2011，第134页。

3　该图由察布查尔锡伯自治县文化馆提供。

卡伦——锡伯族「西迁」精神的写照

察布查尔锡伯自治县纳旦木卡伦效果图

【任务驱动】

围绕"锡伯族在戍边屯垦过程中形成'西迁'精神"的核心任务，设置以下问题链：

1. 仔细观察材料5，指出清代卡伦空间分布的特点，并说明形成这样的分布特点的原因。

2. 根据材料6和材料7，指出锡伯族官兵在伊犁地区的戍边职责有哪些。

3. 请从历史和地理的角度，分析此次迁徙对西北边疆产生了哪些影响。

4. 联系锡伯族军民西迁和驻守的相关事迹，总结归纳锡伯族"西迁"精神的内涵。

【学生探究】

1. 学生在教师的引导下观察伊犁地形图，尝试从排列方式、分布密度、地理位置等角度分析卡伦的空间分布特点，归纳梳理，高度概括。

空间分布特点：南北排列，连接天山南北支脉；北多南少。

影响因素：伊犁是北、东、南三面环山向西开口的谷地，西侧缺少御敌的天然屏障；河谷北部山口开阔，地势更加平坦；南北走向的卡伦彼此之间距离较近，可以遥相呼应，形成严密的防御网，提高防御能力，具有"一夫当关，万夫莫开"的防守效果。

2. 学生阅读史料，从对内、对外两个方面提取有效信息，归纳总结。

要点：守护国境；维护当地社会治安，防御外来侵略；巡视边境线，处理突发事件；屯垦，开发伊犁地区。

3. 学生在教师的引导下从政治、经济、文化等多个角度分析史料，归纳梳理，高度凝练。

历史角度：增强西北防务力量，抵御侵略，维护边疆稳定；促进当地经济发展；促进民族交融，凝聚各族人民力量，促进清朝"大一统"局面的形成，奠定了现代中国版图的基础。

地理角度：带来丰富的劳动力；带来先进的生产技术；促进东西部文化的交流，丰富当地居民的文化生活；屯垦戍边，优化农牧业生产结构。

4. 学生在教师的引导下根据本课所学，进行整理、归纳、总结。

要点：从令如流、义无反顾的奉献精神；镇守疆土、保家卫国的家国精神；因地制宜、艰苦创业的创新精神；同甘共苦、携手戍边的互助精神；勤劳智慧、不辞劳苦的乐观精神；包容友善、和融共进的共同体精神。

【设计意图】

教师引导学生先了解卡伦的功能，再根据伊犁河谷的地形特点认识卡伦在当时的重要作用，同时让学生了解地形因素在历史上对边防及建筑的影响。史料是通向历史认识的桥梁。学生依据史料提取有效信息，在此基础上从历史的角度认识清政府经略西北边疆的举措，形成对祖国的认同感和正确的国家观。

教师引导学生从历史和地理的角度分析锡伯族西迁对西北边疆的影响，涵养学生的高阶思维，提升学生解决实际问题的能力。学生通过读图和阅读材料，将西迁置于特定的时空条件下思考，合理感悟锡伯族"西迁"精神，进而加深对锡伯族"西迁"精神内涵的理解，树立正确的人地协调观和历史观。

> 篇章三　保护卡伦——传承锡伯族"西迁"精神

【情境创设】

材料 9　照片与地图。

纳旦木卡伦遗址的东墙及角台

纳旦木卡伦遗址的北墙 1

1　该图由察布查尔锡伯自治县文化馆提供。

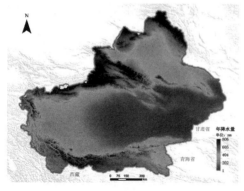
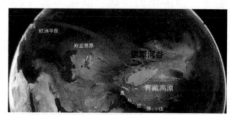

新疆年降水量空间分布图 1   大西洋与伊犁河谷相对位置图 2

材料 10 "四一八节"（农历四月十八）是锡伯族传统社会中重要的民俗节日，其供奉的神灵与祭祀活动受东北地区汉族娘娘庙会的影响。20 世纪 50 年代中后期，由于种种原因，"四一八节"中断。20 世纪 80 年代中期开始，每年的农历四月十八，新疆伊犁察布查尔地区的锡伯族同胞都会组织以娱乐性为主的文艺表演。由于农历四月十八也是清代锡伯族西迁启程的日期，因此"四一八节"也被媒体改称为"西迁节"。2006 年，锡伯族"西迁节"被列入首批国家级非物质文化遗产名录。[3]

材料 11 屯垦戍边加速了新疆锡伯族本土化的过程，强化了地域认同。边疆安危关乎国家兴衰、民族存亡，边疆稳定关系家族兴衰。进入 21 世纪，在察布查尔锡伯族文化人士和当地政府的共同影响下，西迁节叠加了西迁和屯垦戍边的历史记忆，目的在于传承发展中华民族精神，增强边疆地区中华民族共同体的凝聚力。[4]

【任务驱动】

围绕"感悟锡伯族'西迁'精神的内涵"的核心任务，设置以下问题链：

1. 观察材料 9 所示图片，结合所学地理知识，分析察布查尔锡伯自治县的卡伦遗址遭到破坏的原因。

2. 阅读材料 10 和材料 11，结合锡伯族"西迁"精神的内涵和卡伦遗址的现状，谈谈如何保护卡伦遗址和传承锡伯族"西迁"精神。

1   https：//www.sohu.com/a/107134678_205809，访问日期：2024 年 3 月 20 日。

2   https：//www.sohu.com/a/455633485_100941，访问日期：2024 年 3 月 20 日。

3   梁爽：《锡伯族的西迁与家国情怀传承》，《文化遗产》2020 年第 4 期。

4   梁爽：《锡伯族的西迁与家国情怀传承》，《文化遗产》2020 年第 4 期。

【学生探究】

1. 学生在教师的引导下合作探究，概括总结。

自然原因：温带大陆性气候，气候干旱，多风沙天气，风蚀作用对卡伦影响大；伊犁河谷受西风影响，降水较多，卡伦上没有防水设施，受雨水冲刷影响大；冬季气温低，墙体因冰冻变得疏松。

人文原因：随着历史的变迁，卡伦的防御功能降低，受重视程度也跟着降低；早期缺少对卡伦的维护与修复；旅游业的发展使卡伦成为游客参观和活动的场所；缺乏保护设施和警示标志，人们随意在卡伦上攀登踩踏，造成不同程度的破坏，加速了卡伦消亡的进程；牧民常在此放牧，牛羊的践踏也对卡伦造成了一定的破坏；当地有人在此取土，导致许多墙体被挖。

2. 学生尝试从政府、社会、个人三个角度入手，从保护和传承两个方面分组展开探究，梳理概括。

保护：明确卡伦遗址管理的责任主体，合理规划管理体制；保障遗址的真实性和完整性；加强非物质文化遗产保护的立法工作；合理开发，适度利用；加强研究，发展保护技术；加大宣传教育力度，增强民众的保护意识。

传承：争做保护卡伦的志愿者，做好卡伦遗址的申遗工作；全面打造"西迁节"，发展西迁文化旅游事业；坚定正确的政治方向；坚守爱国奉献的精神品格；厚植共同体文化基因；尊重各民族文化的多样性；以丰富多样的文化活动弘扬好锡伯族"西迁"精神。

【设计意图】

教师引导学生认识传统建筑遭受破坏的原因。自然原因是条件，人文原因是关键性、决定性因素。对该问题的思考可以培养学生的人地协调观，促使学生形成正确的价值观。

学生通过思考和探究，认识到中华文化是各族人民共同创造的，进而增强文化自信，涵养对国家的认同感、归属感、责任感和使命感。

▶▶ **课堂小结**

本课从统编版高中教科书《中外历史纲要（上）》活动课"家国情怀与统一多民族国家的演进"这一主题进行延伸，设置三个篇章突破主题。通过共同学习和探究，学生详细了解了当时清政府为巩固和发展统一多民族国家，派兵驻扎西北边疆，设置卡伦，加强对西北地区的管辖的重大举措。卡伦见证了锡伯族官兵不远万里踏雪西迁的历史足迹，也见证了锡伯族军民屯垦戍边、建设边疆的光辉历史。在这个过程中，锡伯族"西迁"精神逐步形成。希望同学们进一步弘扬和践行"西迁"精神，助益于中华民族共同体意识的培育。

反思感悟

最初进行教学设计时，篇章一选用的材料过于冗长，众多文字无论是对学生而言还是对教师而言都是一大挑战，且不说容易引起学生的阅读疲劳，还容易造成教学超时的问题。新课程标准要求教学设计注意教学目标的可操作性。经过仔细研读，结合教学实际，我们将冗长的文字整理成表格，从而使材料更具可读性、直观性，有利于课堂教学目标的达成。

跨学科主题教学的情境创设需要符合学生年龄特点和认知能力。进行教学设计时，我们发现学生对设置卡伦的背景及作用比较感兴趣。尽管这是学生身边的历史，但是这对于学生来说还是相对陌生的。学生不能通过地图深入分析卡伦设置的特点及原因。于是，教师适时教导学生如何读图并及时提供问题支架，让学生"踮踮脚就能够得着"。这能激发学生的学科思维能力，使学生充分运用地理学科的知识进行分析，作出合理的学科解释。

锡伯族"西迁"精神的内涵是本节课的重点和难点。我们在实际教学中发现，学生掌握的资料有限，难以单靠短短几十分钟就达到从中华民族共同体意识的高度去看待和理解锡伯族"西迁"精神，因此出现了课堂教学超时的情况。下一次，我们将适度压缩文字材料，合理补充关于锡伯族"西迁"精神的视频资料，通过文字、图片和视频资料的互补，使学生进行充分感知。这有利于学生体悟锡伯族"西迁"精神之伟大，从而激发学生的学科思维能力。

专家点评

本课是一节历史和地理的跨学科主题教学课，话题新鲜，领域独特，操作起来具有很大的难度。两位教师巧妙设计，以卡伦这一伊犁察布查尔锡伯自治县特有的历史遗址作为话题，突出爱国主义精神和中华民族共同体意识，很好地实现了以小见大的教学效果。

本课的"课魂"是家国情怀，是爱国精神。孕育锡伯族"西迁"精神、形成锡伯族"西迁"精神和传承锡伯族"西迁"精神这三个教学篇章富有严密的逻辑，层层递进，逐步深入地引导学生理解卡伦及其所承载的锡伯族"西迁"精神。教师的引导让学生有身临其境之感，促使学生置身于当时的场景去分析、思考问题，通过体验，获取感悟，涵养了历史、地理学科核心素养。

教师和课堂都充满人文情怀，学生能在课堂探究中感悟锡伯族"西迁"精神的内涵，联想到保护卡伦遗址和传承锡伯族"西迁"精神的措施。学生只有具备了人文情怀，才能真正获得综合素养的提升，形成家国情怀。

当然，这节课也有不足之处。教师在最后的情感升华过程中，如果能够将锡伯族的"西迁"与西安交通大学的"西迁"联系起来，用西安交通大学的诞生、新疆生产建设兵团的创建、西部大开发人才的引进等方面的材料启发学生，会进一步提升学生的社会责任感和时代担当精神，取得更好的育人效果。

（点评人：吴铁俊，特级教师）

9 清朝前中期"大一统"思想观的理论建构与实践[1]

课程标准

1. 通过明清时期统一全国和经略边疆的相关举措，知道南海诸岛、台湾及其包括钓鱼岛在内的附属岛屿是中国版图一部分，认识这一时期对统一多民族国家版图奠定的重要意义。[2]（历史）

2. 从地理环境整体性和区域关联的角度，比较不同区域发展的异同，说明因地制宜对区域发展的重要意义；说明我国国家版图的空间构成，理解国家版图统一、完整的重要意义。[3]（地理）

3. 阐述民族区域自治制度是符合我国国情的基本政治制度，铸牢中华民族共同体意识；辩证地看待传统文化，领会对中华优秀传统文化进行创造性转化、创新性发展的重要意义，弘扬民族精神。[4]（思想政治）

教学立意

清朝标志着统一的多民族国家中国的古代发展过程最终完成，奠定了现代中国的版图，对清朝前中期"大一统"思想观的探究有助于推进当代中国国家建设、社会治理、文化定位、中华民族共同体意识培育等。

学习目标

1. 了解清朝巩固国家统一、平定叛乱、反对外来侵略、经略边疆的特殊措施，理解清朝前中期"大一统"思想观的理论建构和实践，认识清朝在我国统一多民族封建国家发展中的地位、意义及价值。

2. 解读中国历代形势图和清朝疆域图，认识现代中国的地理位置与疆域特征，分析清朝边疆经略措施和"大一统"局面形成的独特自然地理因素。

3. 理解清朝前中期经略边疆的政治制度、社会治理、文化定位等，认识其在铸牢中华民族共同体意识中的重要价值。

4. 运用历史、地理、思想政治三门学科的观念、知识与方法对清"大一

---

1 设计者：严龙梅，可克达拉市镇江高级中学历史教师（江苏省镇江第一中学援疆教师），正高级教师，江苏省教学名师；王雪琴，可克达拉市镇江高级中学政治教师；李云，可克达拉市镇江高级中学地理教师，兵团第四师可克达拉市骨干教师。

2 《普通高中历史课程标准（2017 年版 2020 年修订）》，人民教育出版社，2020，第 13—14 页。

3 《普通高中地理课程标准（2017 年版 2020 年修订）》，人民教育出版社，2020，第 13、23 页。

4 《普通高中思想政治课程标准（2017 年版 2020 年修订）》，人民教育出版社，2020，第 18、22 页。

统"格局的形成综合归因，发展跨学科理解能力。

▶▶ 教学策略

本课设置"赞叹——清'大一统'疆域""探究——清'大一统'理论与实践""回望——清'大一统'的历史地位与意义"三个篇章突破主题。

历史与地理学科合作，通过疆域图梳理清前中期巩固国家统一、平定叛乱、反对外来侵略的史实，分析清实施边疆政策的原因，对清疆域形成直观具象的认识。

思想政治与地理学科合作，通过史料分析宋明以来正统观的表现，理解清朝前中期经略边疆理论的建构与具体实践是封建国家制度与治理体系完善的方式和路径，探究清朝最终能开创"大一统"格局的原因。

思想政治、历史、地理三科合作，探讨清前中期"大一统"的历史地位和意义，开放式探讨其对当代国家建设、社会治理、文化定位的重要价值，形成一定的观念物化产品，强化学生在真实情境中综合运用知识解决问题的能力。

三科围绕"清朝前中期'大一统'思想观的理论建构与实践"自然衔接，融会贯通，使学生深入理解清朝在我国统一多民族国家版图奠定和中华民族共同体意识培育中的地位。

▶▶ 教学重难点

重点：清朝疆域是如何奠定的。

难点：清朝前中期"大一统"的历史地位和意义，清朝前中期"大一统"理论观念与实践对当代中国文化定位、国家建设、社会治理、中华民族共同体意识培育的价值。

▶▶ 教学设计

课堂导入 🔗

材料1 惟上天眷顾我大清，全付所覆，海隅出日，罔不率俾，列祖列宗，德丰泽溥，威铄惠滂，禹迹所奄，蕃息殷阜，瀛壖炎岛，大漠蛮陬，咸隶版图，置郡筑邑。声教风驰，藩服星拱，禀朔内附，六合一家，远至开辟之所未宾，梯航重译，历岁而始达者，慕义献琛图于王会，幅员袤广，古未有过焉。[1]

从材料1所示《大清一统志序》的部分内容看，清高宗乾隆对清一统天下的自豪感溢于言表。他统治时期的清朝疆域是什么样的？让我们走近清朝疆域图。

---

1 杨念群：《"天命"如何转移：清朝"大一统"观的形成与实践》，上海人民出版社，2022，第140页。

【设计意图】

史料是人们了解过去、认识历史的重要依据。教师以《大清一统志序》导入，能使学生感受到清帝对"大一统"疆域的踌躇满志、顾盼自豪；再配以 1820 年的清朝疆域图，使"大一统"概念变得更清晰、更具象。

教学过程 ⚙

篇章一　赞叹——清"大一统"疆域

【情境创设】

材料 2　清朝疆域图（1820 年）。[1]

清朝疆域图（1820 年）

材料 3　清朝对边疆地区的统治，在康、雍、乾三朝盛世时达到极盛，标志着空前统一的多民族国家最后形成。在中国的疆域内，陆地总面积达到 1300 多万平方千米。[2]

【任务驱动】

围绕"清前中期'大一统'疆域与治理"的核心任务，设置以下问题链：

1. 依据材料并结合所学知识，指出清朝中期 1300 多万平方千米的具体版图范围。

2. 结合史实，用列表方式，依次从东南、东北、西北、西南等空间方位高度概括康、雍、乾三朝在前代王朝基础上如何开疆拓土，推动空前统一的多民族国家巩固发展。

3. 清王朝在传统的"汉地十八省"采取省制管辖，在有些地区则推行特别行政区制度。请结合地图分析采用不同管理制度的原因。

【学生探究】

1. 学生从地理空间方位依次解读地图，自主探究，高度概括。

清朝中期，疆域西跨葱岭，西北达巴勒喀什池，北接西伯利亚，东北至外

1　《普通高中教科书　历史　必修　中外历史纲要（上）》，人民教育出版社，2019，第 80 页。

2　许斌：《统编高中历史教科书　教学设计与指导　必修　中外历史纲要（上）》，华东师范大学出版社，2020，第 176 页。

兴安岭和库页岛，东临太平洋，东南到台湾及其附属岛屿，包括钓鱼岛、赤尾屿等，南至南海诸岛，西南抵喜马拉雅山脉。

2. 学生调动历史知识进行梳理、概括、总结。

区域	措施
东南	收复台湾，设台湾府，隶属福建省
东北	反击沙俄侵略，签订《尼布楚条约》
西北	击败蒙古准噶尔部，平定大小和卓叛乱，设伊犁将军府，稳定新疆；在蒙古地区设立盟、旗两级制度
西南	册封达赖喇嘛、班禅额尔德尼，派遣驻藏大臣，颁布《钦定藏内善后章程》等，巩固对西藏的管辖；西南各少数民族聚居区大规模改土归流

3. 学生从边疆地图入手，在地理教师的引导下合作探究，概括总结。

清朝设五个将军辖区（伊犁、乌里雅苏台、黑龙江、吉林、盛京）和两个办事大臣辖区（青海、西藏）。

原因：五个将军辖区几乎都在边疆地区，位于今新疆、内蒙古、黑龙江、吉林、辽宁。新疆和内蒙古处于内陆，高大山脉的阻挡导致气候干旱，水资源短缺，耕作业落后，人口稀少。黑龙江、吉林、辽宁纬度较高，气候寒冷，热量不足，农业欠发达。

两个办事大臣辖区位于青藏高原，地处我国西南，扼守边关。该区域海拔高，热量不足，冻土广布，农业种植条件较差。这里以畜牧业为主，受地形条件限制，对外沟通交流也较少。

这说明清王朝采取因地制宜的措施，一定程度上促进了区域发展。

【设计意图】

教师通过让学生阅读史料和解读疆域图，引导学生从整体到局部逐步提取有效信息，提炼合理观点，并在此过程中强化学生"南海诸岛、台湾及其包括钓鱼岛在内的附属岛屿是中国版图一部分，中国对其拥有无可争辩的主权"的意识。

教师引导学生依据地图方位梳理清前中期加强边疆地区有效管理的措施，有序叙述在特定时空中清朝固土拓疆的措施，强化学生对"大一统"的认识。

教师通过地图信息调动学生区域认知的能力，引导学生结合地理位置、农业生产条件、民族特性等，分析清王朝采取的行政管辖政策，进而理解清前中期对"大一统"疆域的奠定之功，帮助学生树立因地制宜的人地协调观和因俗而治的社会治理观。

【情境创设】

材料4 北宋、南宋、明朝形势图。

辽、北宋、西夏形势图　　　金、南宋、西夏形势图　　　　　明朝形势图
（1111年）　　　　　　　　（1142年）　　　　　　　　（1433年）

材料5 正统观的原始蕴意大致包含三项内容。一是任何王朝要想真正获得"居正"的地位，就必须尽可能拥有广大疆域，这是从空间上立论。二是位居"正统"必须依循"五德始终"和"阴阳五行"的运思逻辑，把王朝纳入一个周而复始的循环系统，这是从时间上立论。三是必须拥有足够的"德性"。宋明以来形成的"正统观"多倾向于"攘夷"排外，强化种族之别，这是从内外关系上立论。[1]

材料6 清朝异于前朝的一个最重要特点是重新引入"一统"这个空间概念，集中论证疆域合一而无内外之别是"大一统"的核心要义。第二个特点是，清帝必须在诠释正统观的第三义上做出有说服力的自我辩证。清帝一方面奉行任何政治行动都必须依靠"道德"指引的更深命题，另一方面又对宋明理学进行了修正和改造，以适应建立多民族共同体的需要。[2]

材料7 宋元明清西南地区边疆治理举措一览表。

时期	边疆民族地区治理的具体举措
宋朝	实行羁縻政策，羁縻州县在名义上属于宋王朝版图，但是没有明确边界。土官有土著首领，世袭罔替。世袭时须正式联名申请，上报中央，由政府任命
元朝	在云南建行省。管辖范围包括今云南全省、贵州省西部、四川省西南部，以及今缅甸、越南等部分地区。在西南民族地区广泛设置土官，土官须由朝廷正式授职并赐予依凭信物，其承袭、升迁、惩处等有较严密规定

1　杨念群：《"天命"如何转移：清朝"大一统"观的形成与实践》，上海人民出版社，2022，第128页。

2　杨念群：《"天命"如何转移：清朝"大一统"观的形成与实践》，上海人民出版社，2022，第130页。

时期	边疆民族地区治理的具体举措
明朝	自永乐年间起,针对土官暴虐统治、经济压榨、纷争攻杀等问题,开始在贵州、铜仁、遵义等地实施改土归流,如采用"众建诸蛮"的办法,即将土司领域划小,以削弱其反抗力量
清朝	改土归流。在云南、贵州、广西一带收缴土司印信,改设府州县,在改土归流地区清查户口,丈量土地,征收赋税,建城池,设学校,实行与内地一样的制度

注:据刘建军《古代中国政治制度十六讲》[1] 整理而成。

材料 8　中国地形图。[2]

中国地形图

【任务驱动】

围绕"清前中期'大一统'理论与实践"的核心任务,设置以下问题链:

1. 正统观的原始蕴意主要包含哪几个方面?结合形势图,分析宋明以来的正统观侧重于哪个方面,并结合史实分析主要原因。

2. 结合《大清一统志序》、材料 5、材料 6,从理论与实践角度分析清统治者如何突破发展宋明以来的正统观。

3. 根据材料 7,分析宋以来中国古代中央政府对西南少数民族地区治理政策的变化趋势,进而分析清最终实现疆域辽阔的"大一统"格局的原因。

【学生探究】

1. 学生分组合作,由历代形势图入手,进行合理的解读。

一是从空间上立论,尽可能拥有广大疆域;二是从时间上立论,把王朝纳入一个"五德始终"和"阴阳五行"周而复始的循环系统;三是拥有足够的"德性"。宋明以来侧重于第三个方面,主要原因是宋与辽、金长期对峙,且南宋偏安江南一隅,无法实现"大一统"目标;明朝北面有强劲对手——蒙古瓦剌、鞑靼等,对峙态势近似于宋,亦期望以"道德优越感"强化族群之

1　刘建军:《古代中国政治制度十六讲》,上海人民出版社,2009。
2　谭木:《新课标中学地理图文详解指导地图册》,山东省地图出版社,2020,第156页。

别，以此作为正统性之依据。

2. 学生解读形势图，调动问题 1 的结论，结合材料 6 分析清前中期"大一统"理论建构的突破点，在教师的引导下高度归纳。

理论上，继承发展"大一统"思想，重新引入"一统"的空间概念，强调疆域合一是核心要义；修正改造宋明理学，强调华夏一体。实践上，进行长城内外政治秩序一体化实践；开疆拓土，强化中央对地方的有效行政管辖，进行边疆行政一体化实践；在边疆设立学校，明礼教化，进行文教一体化实践。

3. 学生解读表格信息，全面概括总结。

管理方式：由羁縻政策的间接管理到与内地一体化直接管理。

治理政策：由中央间接治理到政治、经济、教育等全方位直接治理。

官员产生方式：由少数民族首领世袭到中央政府任命。

原因：清前中期统治者的文治武功；长期以来政治统一、经济发展、华夏一体的新"大一统"思想的发展；突破传统制度，走向律令一体化，加强基层治理，实现管治"大一统"；积极进行文化交流，增强中华文化的核心凝聚力。

此外，我国地势呈西高东低、三级阶梯的特点。北部兴安岭地区、内蒙古高原、阿尔泰山，西部帕米尔高原，西南部喜马拉雅山、横断山脉、云贵高原，构成半封闭式、内向型的地理环境。这里孕育了文化各异且社会经济发展水平各异的不同民族。这些地区虽与外界交往较少，但地区内各民族的交流、贸易、迁徙甚至战争，促进了各民族间的文化交流、碰撞、选择、重构、认同，形成多民族共同体，最终促成清王朝实现"大一统"局面。

【设计意图】

教师通过对正统观原始蕴意的史料解读，培养学生提炼概括观点的能力。

要想从理论与实践角度分析清统治者如何打破宋明以来的正统观，学生需要调动史料和所学知识，在宏观把握正统观原始蕴意的基础上整理清朝拓展疆域的各项措施等，形成理性认识。

教师引导学生从疆域图、地形图入手，利用表格探寻规律，并从历史、地理等角度做出合理归因，培育学生综合思维的能力。

篇章三　回望——清"大一统"的历史地位与意义

【情境创设】

材料 9　到清代乾隆年间，全国所有各民族地区，都已置于朝廷直接派官管辖之下，其管辖制度又依据各地区民族、文化、社会经济、原有政治制度的不同而有很大区别。与周围邻国，有的是有传统的较为稳定的边界，康熙、雍正时与俄罗斯订立了具有近代国际条约水准的分界条约，划定了中俄东段与北段边界。这些基本情况，标志着统一的多民族中国的古代发展过程已经完成。[1]

【任务驱动】

围绕"清前中期'大一统'地位与当代价值"的核心任务，设置以下问题链：

1. 结合材料2、材料5、材料8和材料9，分析清"大一统"的历史地位和意义。

2. 清前中期"大一统"思想与实践是中华民族宝贵的财富。结合材料分析其对当代中国文化定位、国家建设、社会治理的价值。

【学生探究】

1. 教师引导学生从历史、地理的角度进行开放式总结。

"大一统"的实现是建立在清开疆拓土的基础上的，相对优越的地理位置使得清王朝的疆域得到进一步扩大，并在此基础之上明确了疆域边界的划定，尤其是南海诸岛、台湾及其包括钓鱼岛在内的附属岛屿成为中国版图的一部分。相对宋明以来的地域收缩，清朝前中期不仅对版图有所开拓，而且在边疆地区因地制宜，形成了比较稳定有效的统治，完成了统一的多民族国家的古代发展过程，奠定了现代中国的版图。清加强对少数民族地区的直接管理，有利于促进各民族经济文化上的交往、交流、交融，增强中华民族的凝聚力。

2. 学生从设问提示的角度出发，全面发散，合作探究，总结概括。

文化定位："大一统"思想观是中华优秀传统文化，是中华民族共同体的精神标识之一。传承与弘扬"大一统"思想能激发民族自信心和自豪感，有助于促进民族团结，维护国家安全与统一，铸牢中华民族共同体意识；中华民族精神以爱国主义为核心，传承与弘扬"大一统"思想体现了中华民族共同的价值追求；传承与弘扬"大一统"思想有利于培育和践行社会主义核心价值观，推动社会主义精神文明建设。

国家建设、社会治理："大一统"思想与实践对今天的边疆治理有借鉴意义。民族区域自治制度适合中国国情，是历史经验的继承、发展、总结，是解决中国民族问题的基本政策，关乎国家长治久安和各民族的前途命运。传承与弘扬"大一统"思想，有助于打造共建共治共享社会治理格局，加强社会治理制度建设，推进国家治理体系和治理能力的现代化。

【设计意图】

教师积极调动学生的区域认知能力和利用地图获取有效信息的能力，通过

1　费孝通：《中华民族多元一体》，北京大学出版社，2002，第293页。

不同历史时期中国疆域的变迁使学生充分认识清朝对"大一统"思想观的理论革新和落实，铸牢中华民族共同体意识。

文化定位、国家建设、社会治理本身就是跨学科概念，从这三个角度认识清朝"大一统"思想，指向的是对国家的高度认同感、归属感、责任感和使命感，有助于引导学生充满人文情怀地关注现实问题，以服务于国家发展和民族自强。

▶▶ 课堂小结

通过本课学习，我们发现，"大一统"观念的原始蕴意有三点：一是从空间上立论——尽可能拥有广大疆域；二是从时间上立论——依循"五德始终"和"阴阳五行"的运思逻辑位居"正统"（这一点宋明以来已不断淡化）；三是从内外关系上立论——必须拥有足够的"德性"。不过，一个政权的建立很难同时具备这三大要素。宋明以来的政治格局，使统治者对从空间上立论避而不谈，特别强调族群有别，以此突出自己的"道德优越感"。清前中期努力挖掘"大一统"的原始意蕴，从理论和实践两大方面入手，在继承历代疆域的基础上完成了对边疆地区的统一，将华夏一体、疆域辽阔的中国展现在世界面前，奠定了中国现代版图的基础。从古代史来说，这是中国作为一个统一多民族国家形成过程的最后阶段。驻足历史，立足当下，面向未来，清前中期"大一统"思想与实践是中华民族宝贵的财富，对当代中国文化定位、国家建设和社会治理等有重要借鉴价值。

▶ 反思感悟

跨学科主题教学的目的之一是转变学生的学习方式，让学生在多学科互动中实现知识的迁移与运用。

精选深度学习情境。情境是学习者实现深度理解和学习的重要媒介。学习情境的选择要体现本学科核心素养，加强整合。据此，教学设计要打开思路，在对标学科核心素养、研读新课程标准要求的同时，放眼时代、生活，或是其他学科的研究成果，精选情境，真正促进学生深度学习。本课的情境材料是从杨念群的《"天命"如何转移》、费孝通的《中华民族多元一体》等著作中摘抄或凝练而成的，同时选择合适的地图、表格等材料，培养学生的时空概念、归纳能力。

适切安排内容结构。跨学科主题教学可以丰富教学内容，培养学生的综合能力，拓宽学生的知识面，但也势必引起内容知识量的增加，因此需要在有限的教学时间内对各学科内容进行取舍。本课主题明确，即"清朝前中期'大一统'思想观的理论建构与实践"。三科教师共同裁剪史料、设计问题，引导学生深入理解清朝"大一统"思想对中华民族共同体意识培育的重要意义。

　　围绕锁定任务做层级化设计。问题是引领探究的抓手。跨学科主题教学要围绕主题，依托情境材料设计问题链，实现内容与形式的有机统一。例如，在"探究——清'大一统'理论与实践"中，探究正统观的原始蕴意、成因、统治者的举措、对今天的启示等。这就显得逻辑清晰。

✏ 专家点评

　　本课主题重大，富于价值，高度体现国家意志，指向引导学生构建中华民族的统一观念和共同体意识。本课以历史、地理、思想政治三科融合的方式设计与开展教学，从疆域形成的纵向、地理位置的横向及理论定位的当代解读，也即"溯历史之源、定地域之位、论统一之功"的构架，整合聚焦三个学科的核心素养，进而实现传导课程标准要求的核心价值的教学目的。

　　历史教师征引经典论述和历史地图，梳理唐宋以来疆域奠定的历程，史料实证与家国情怀自在其中；地理教师引导学生辨析与此相关的地形与地理方位，侧重区域认知与人地协调核心素养渗透；思想政治教师从对理论与实践的评价立意，关注爱国主义情感、社会责任感和文化素养目标的达成。整节课设计流畅，有一气呵成的感觉。

　　需要指出的是，跨学科学习或学科融合教学，最大的挑战在于教师，而不是学生。学科教师接受的是分科式的专业培养，而作为教育目的终端和归宿的学生，无论是知识与能力，还是思维与素养的塑造，均聚于一体，在乎一心。通俗地说，在此语境下，教师是分科的个体，而学生是学习的整体。单个的教师是分科的，单个的学生则是全科的。因此，授课者在反思中特别强调的"转变学生的学习方式"，其前置的挑战，或者说障碍，乃是转变教师的教学方式。宏观而言，高中所有学科课程与活动的设计与开展，终归是服务于培养每一个完整的人的。

　　　　　　　　　　　　　　（点评人：李代贵，正高级教师、特级教师）

10 　　　　　　　　　**民族复兴与道路自信**[1]

▶▶ **课程标准**

1. 认识近代社会各阶级为挽救危局所做的努力及存在的局限性；认识中国共产党成立对中国革命的深远影响；认识中国共产党开辟新道路的意义；认识习近平新时代中国特色社会主义思想是全党全国人民为实现中华民族伟大复兴而奋斗的行动指南；形成对中国特色社会主义道路、理论体系、制度、文化的形成过程及意义的系统认识。[2]（历史）

2. 用马克思主义基本立场、观点和方法观察事物、分析问题、解决矛盾；认同走中国特色社会主义道路是历史的必然，坚定中国特色社会主义道路自信、理论自信、制度自信、文化自信；拥护党的领导，领会中国特色社会主义最本质的特征是中国共产党领导，中国特色社会主义制度的最大优势是中国共产党领导，党是最高政治领导力量。[3]（思想政治）

▶▶ **教学立意**

自鸦片战争以来的历史，有力地证实了由中国共产党领导的、依靠人民群众的中国特色社会主义道路能够带领中华民族走向伟大复兴。

▶▶ **学习目标**

1. 了解近代中国不同阶级为救亡图存而探索的不同道路，认识农民阶级、地主阶级、资产阶级、无产阶级在探索过程中所做的努力及存在的局限性。

2. 了解中国共产党百年寻路的历程，认识中国共产党开辟新道路的意义，认识毛泽东思想、邓小平理论、"三个代表"重要思想、科学发展观、习近平新时代中国特色社会主义思想的深远影响。

3. 了解近代中国民族意识觉醒的过程，理解社会存在决定社会意识、社会发展的历史进程取决于社会基本矛盾的运动，认清社会发展规律。

4. 阐明中国共产党成为执政党的必然性，认同走中国特色社会主义道路是历史的必然，坚定中国特色社会主义道路自信、理论自信、制度自信、文化自信。

1　设计者：陈明珠，江苏省镇江中学历史教师，镇江市学科带头人；高国新，江苏省镇江中学政治教师，镇江市骨干教师。
2　《普通高中历史课程标准（2017 年版 2020 年修订）》，人民教育出版社，2020，第 14—15 页。
3　《普通高中思想政治课程标准（2017 年版 2020 年修订）》，人民教育出版社，2020，第 6 页。

▶ 教学策略

本课设置"1840—1919：各派探路，民族意识逐步觉醒""1921—2021：明灯指路，民族复兴展开宏图"两个篇章突破主题。

思想政治与历史学科合作，通过摘录《人民日报》的评论导入新课，指导学生用哲学理论来剖析"近代中国道路探索和民族意识觉醒到高涨"背后的社会发展规律，探究"实现民族复兴，我们有哪些政治优势"，培养学生的政治认同；通过讲述近代中国不同阶级为救亡图存而探索的不同道路、中华民族近代民族意识形成的过程及中国共产党百年寻路的历程，培养学生的家国情怀及其对中国特色社会主义道路、理论体系、制度、文化的自信。

两科围绕"民族复兴与道路自信"自然衔接，融会贯通，深入解读中国共产党百年寻路的历程、马克思主义中国化的理论成果及其启示，在历史现象中把握本质规律，在历史叙事中升华民族精神。

▶ 教学重难点

重点：救亡图存过程中的道路探索和民族意识觉醒，中国共产党百年寻路的历程，马克思主义中国化的理论成果。

难点：中国共产党探路成功的启示。

▶ 教学设计

课堂导入 🔗

材料 1 中国历史上的辉煌时期，首推汉唐。中国的衰落，是在明朝中叶以后。1840 年鸦片战争，中国被打败，开始了屈辱的历史，从此也开始了民族复兴的历史，也就是开始了中国梦的历史。

在很长一个时期，中国人真是在做梦，找不到出路。毛泽东同志诗曰：长夜难明赤县天，百年魔怪舞翩跹。经过 170 多年的奋斗，现在是到了快要梦想成真的时候。习近平同志说："我们比历史上任何时期都更接近中华民族伟大复兴的目标，比历史上任何时期都更有信心、有能力实现这个目标。"[1]

历史教师：同学们，回顾一百多年前，那是列强入侵、民族危机不断加深的年代。为挽救民族危亡，近代中国的有识之士先后登上历史舞台，探索国家发展道路。

思想政治教师：历史风云变幻，真理颠扑不破。在中国共产党的正确领导下，今天的我们正一步步走在民族复兴的道路上。

1　冷溶：《什么是中国梦，怎样理解中国梦》，《人民日报》2013 年 4 月 26 日。

【设计意图】

材料1这段文字源于《人民日报》，立意高远。它既回顾了历史，又照进了现实；既可以用作历史学科的教学素材，体现时空观念和家国情怀，也可以用作思想政治学科的教学素材，体现科学精神和政治认同；既是本课的开篇导语，也是本课的教学主线。学生诵读感悟，能很快融入教学情境。

教学过程 ⚙

> 篇章一　1840—1919：各派探路，民族意识逐步觉醒

环节一：民族危机和道路探索

【情境创设】

材料2　近代中国各阶级代表人物群像。

林则徐	魏源	洪秀全	曾国藩	李鸿章
康有为	梁启超	邹容	孙中山	陈独秀	李大钊

【任务驱动】

围绕"民族危机和道路探索"的核心任务，设置以下问题：

结合表格，分析为了救亡图存，近代中国的仁人志士们探索过哪些道路。

民族危机	阶级（派别）	思想主张	实践活动
鸦片战争	①	②	③
	④	⑤	⑥
第二次鸦片战争	⑦	⑧	⑨
甲午中日战争	⑩	⑪	⑫
八国联军侵华战争	⑬	⑭	⑮
巴黎和会外交失败	⑯	⑰	⑱

【学生探究】

学生分组讨论,分阶段概括出不同时间段、不同派别的思想主张和实践活动。充分讨论后,在历史教师的指导和点拨下填写表格,进行汇总。

① 地主阶级抵抗派;② 师夷长技以制夷;③ 未付诸实践;④ 农民阶级;⑤ 绝对平均主义/资本主义;⑥ 未付诸实践;⑦ 地主阶级洋务派;⑧ 中体西用;⑨ 洋务运动;⑩ 资产阶级维新派;⑪ 维新变法,君主立宪;⑫ 戊戌变法;⑬ 资产阶级革命派;⑭ 暴力革命,民主共和;⑮ 辛亥革命;⑯ 无产阶级;⑰ 马克思主义;⑱ 五四运动。

【设计意图】

教师通过引导学生回顾鸦片战争以来地主阶级、农民阶级、资产阶级、无产阶级为挽救民族危亡做出的探索,使学生了解近代中国的仁人志士掀起的向西方学习的潮流。先贤从学器物到学制度再到学思想文化,从以日为师到以美为师再到以俄为师,最终找到了马克思主义这个强大有力的武器。近代历史证明,农民阶级和资产阶级都不可能领导中国民主革命取得彻底胜利,只有无产阶级有能力肩负起历史重任,发挥决定性作用。这一环节既强化了学生的时空观念和家国情怀,也为篇章二的探索埋下伏笔。

环节二:民族意识觉醒

【情境创设】

材料 3 一般说来,一个民族的觉醒首先表现为民族意识的觉醒……在近代中国的百余年间,中华民族经历了四次民族意识觉醒的历程,即鸦片战争后先进中国人开始"开眼看世界";中日甲午战争后民族意识的初步觉醒;五四运动期间民族觉醒意识的升华;抗日战争期间民族意识的全面高涨。[1]

【任务驱动】

围绕"民族意识觉醒"的核心任务,设置以下问题链:

1. 根据材料并结合所学知识,说明中华民族近代民族意识是如何逐步形成的。

民族危机	危机后的反应	民族意识
鸦片战争	①	萌发
甲午中日战争	②	觉醒
巴黎和会外交失败	③	升华
日本全面侵华	④	高涨

---

1 史革新:《略议近代中国民族意识的四次觉醒》,《高校理论战线》2009 年第 3 期。

民族复兴与道路自信

2. 请运用政治常识，说明我国近代道路探索和民族意识逐步形成遵循了哪些社会发展规律。

【学生探究】

1. 学生根据材料和所学知识，分析中华民族近代民族意识形成的几个重要阶段所对应的重大历史事件，总结归纳。

① 开眼看世界，提出"师夷长技以制夷"；② 维新变法，提出"变法图强"；③ 五四运动，提出"外争国权，内惩国贼"；④ 抗日战争，提出建立抗日民族统一战线。

2. 学生解读材料信息，结合表格进行内容梳理。思想政治教师从唯物史观的社会存在与社会意识辩证统一、生产力生产关系辩证统一、上层建筑与经济基础辩证统一等方面加以引导，学生从社会发展规律角度探讨近代中华民族意识觉醒的必然性，进行概括总结。

随着国门洞开，中国一部分先进人士开始主张向西方学习，积极进行道路探索，国人的民族意识也开始觉醒。逐步形成的新型民族观念对中国救亡图存、抗击外来侵略、推动中华民族复兴发挥了积极的作用。

随着近代经济的发展，不同阶级登上历史舞台，提出不同救国方案和思想主张，顺应了社会发展的客观规律。

【设计意图】

这一环节从历史和思想政治学科两个角度设计任务驱动。历史学科核心素养之唯物史观和思想政治学科所讲述的历史唯物主义是一个交融点，近代百年探索史正好为解释历史唯物主义提供了鲜活的案例。历史教师引导学生梳理我国近代道路探索和民族意识觉醒的过程，掌握历史发展脉络；思想政治教师引导学生通过历史唯物主义加深对历史现象背后的本质和规律的认识。而对规律的准确把握和认识，恰恰是中国共产党人引领中华民族走向伟大复兴的关键因素。

篇章二　1921—2021：明灯指路，民族复兴展开宏图

环节一：中国共产党百年奋斗历程

【情境创设】

材料4　五四运动前后，中国先进知识分子从巴黎和会所给予的实际教训中，认识到帝国主义列强联合压迫中国人民的实质……正是在这种情况下，许多原来有着不同经历的先进知识分子，经过深思熟虑和反复思考，通过不同的途径，走上马克思主义的道路……最早酝酿在中国建立共产党的是陈独秀和李大钊。他们逐步认识到，要用马克思主义改造中国，就必须建立一个无产阶级政党，使其充当革命的组织者和领导者。[1]

【任务驱动】

围绕"中国共产党百年奋斗历程"的核心任务，设置以下问题：

请结合材料和所学知识，回顾中国共产党诞生的标志及百年奋斗历程。

阶 段	道路探索	理论成果
新民主主义革命时期（1919—1949）	①	②
社会主义革命和建设时期（1949—1978）	③	④
社会主义现代化建设新时期（1978—2012）	⑤	⑥
中国特色社会主义新时代（2012 年至今）	⑦	⑧

【学生探究】

学生分组讨论，分析归纳。

① 有中国特色的民主革命道路（如工农武装割据）；② 毛泽东思想；③ 有中国特色的社会主义革命和建设道路（如和平赎买）；④ 毛泽东思想；⑤ 中国特色社会主义道路；⑥ 邓小平理论、"三个代表"重要思想、科学发展观；⑦ 中国特色社会主义道路；⑧ 习近平新时代中国特色社会主义思想。

【设计意图】

教师通过回顾中国共产党在不同时期的道路探索，引导学生熟悉不同时期的主要矛盾和主要任务，认识到在走向民族复兴的路上，无数革命志士抛头颅、洒热血、献智慧，将理论与实践相结合，使马克思主义中国化，最终孕育了一系列的理论成果，为民族复兴提供了科学指南和根本政治保证。这一环节进一步培养了学生历史学科时空观念、家国情怀和思想政治学科政治认同、科学精神等核心素养。

环节二：走向民族复兴

【情境创设】

材料 5　视频《"我们的自信"道路篇——人间正道》。

民族危亡，山河破碎，近代中国的仁者志士站在命运的十字路口徘徊：改良主义、资本主义、无政府主义、共产主义……上海望志路 106 号的小楼忽然打开，沿着道路走进去，走到井冈山，走到贵州遵义，走向新中国成立，走向改革开放，走向了中华民族伟大复兴。

1　《中国共产党简史》，人民出版社，2021，第 10—11 页。

【任务驱动】

围绕"走向民族复兴"的核心任务，设置以下问题链：

1. 结合视频，回望历史，说明中华民族走向民族复兴的三大里程碑是什么。

2. 中国共产党成功探路的启示有哪些？

3. 根据启示，说明我们对实现民族复兴有哪些自信。

【学生探究】

1. 学生根据所学知识进行回答。

中国共产党成立、新中国成立、改革开放是中华民族走向民族复兴的三大里程碑。

2. 学生自主发言，总结启示。

民族复兴的前提是民族独立、人民解放；马克思主义中国化是实现民族复兴的科学指南；中国共产党的领导是实现中华民族复兴的根本政治保证。

3. 学生结合思想政治教师的引导和思想政治学科知识进行概括总结。

实现民族复兴，我们有道路自信、理论自信、制度自信、文化自信。中国特色社会主义道路是实现社会主义现代化、创造人民美好生活的必由之路；中国特色社会主义理论体系是指导党和人民实现中华民族伟大复兴的正确理论；中国特色社会主义制度是当代中国发展进步的根本制度保障；中国特色社会主义文化是激励全党全国各族人民奋勇前进的强大精神力量。

【设计意图】

思想政治教师播放视频，由远及近展现中国共产党领导下的中国一步步走向民族复兴的关键事件。在这些关键事件中，党始终立足国情，实事求是，以人民为中心，走出了一条中国特色社会主义道路。思想政治教师通过指导、启发和总结，坚定学生对中华人民共和国、中国共产党、社会主义道路和改革开放的信心，激发学生为实现中华民族伟大复兴而团结奋斗的决心。

▶▶ **课堂小结**

本课包括两个篇章。篇章一"1840—1919：各派探路，民族意识逐步觉醒"有两个环节需要学生通过自主探究来完成，学生的探究成果主要以表格形式呈现，要做到纲举目张、线索明朗。篇章二"1921—2021：明灯指路，民族复兴展开宏图"也有两个环节需要学生在教师的指导下合作探究完成，学生的探究成果既有以表格形式呈现的归纳概括，也有抽丝剥茧式的铺陈叙述。情境创设如谱，任务驱动如针，四个环节如线。在两位教师的穿针引线下，学生逐渐勾勒出中国近代道路探索和走向伟大复兴的全貌。这既是一次史实回顾，也是一次规律探索。

反思感悟

本课以历史基础知识的复习为基调，辅以政治角度的深化拓展。45 分钟的课堂里，两个百年的史实丰富生动，两次规律的把握准确深刻。历史教师和思想政治教师要非常清晰地把控重难点和学情，才能高效引领学生回顾、理解、深化知识，使整个课堂分环节交替推进，达成既定的教学目标。

本课容量大、任务多，是一堂面向高三学生的复习课，建立在学生能够熟练掌握并迁移运用所学知识的基础之上。在实际教学过程中，有少部分学生由于基础知识掌握不牢固而跟不上教学节奏，处于被动应答而不是自主探究的状态。

我们深知，学科融合是基于一定的教学需要进行的有效链接，具有内在的规定和要求。学科融合的最佳境界就是在教学中将各科知识不留痕迹地组装得恰到好处，并且使其都能实现各自独特的功能。如何做到思想政治、历史知识点有效融合而不是简单堆砌？如何做到"美美与共"却又"和而不同"？这是我们长期探索和实践的课题。

专家点评

本课选题好，立意高，教师用心良苦。在高三年级的二轮复习课中进行思想政治、历史的融合教学，既提高了课堂效率又激发了学生的学习兴趣，并且很好地落实了立德树人的根本宗旨。

对于本课的教学设计，个人还有一些小小的建议。例如，历史情境的创设要多样化。《普通高中历史课程标准（2017 年版 2020 年修订）》主要列举了四种类型的历史情境，即生活情境、学习情境、社会情境和学术情境，不能只关注学术情境。在教学过程中，史料的使用要有针对性，不要堆砌。史料宜少而精，能说明问题就行。要对视频内容进行简单介绍，让学生了解概况并产生共情。探究的过程要具体表述，以使学生身临其境，感受课堂的步步推进。教学设计要体现温度和诚意。跨学科主题教学设计不是文字的机械呈现，而是作者与读者的对话。教师应运用多种手段让思想和情感得到充分表达，让学生流畅而简便地领会设计理念。

（点评人：唐琴，正高级教师、特级教师）

11 　　　　　　　　**红色信仰——从抗美援朝说起** [1]

▶▶ **课程标准**

1. 概述新中国巩固人民政权的主要举措。[2]（历史）

2. 坚持中国共产党对一切工作的领导；继承中华优秀传统文化和革命文化，增强文化自觉和自信；坚持一切从实际出发，实事求是。[3]（思想政治）

▶▶ **教学立意**

以抗美援朝战争的伟大胜利为主题，在微观中解读"最可爱的人"，培养学生的爱国主义情感，增强民族凝聚力、民族责任感、民族自信心。

▶▶ **学习目标**

1. 理解抗美援朝是保家卫国的正义之战，认识中国共产党的领导是历史和人民做出的正确选择；分析抗美援朝战争胜利的意义，理解战争胜利对历史和现实发挥的时代价值。

2. 了解上甘岭战役残酷恶劣的战争环境，分析志愿军取得胜利的原因，培养正确的世界观、人生观和价值观。

3. 叙述英雄团队和黄继光、邱少云等战斗英雄的事迹，体会他们的优秀品质，理解"最可爱的人"的含义；思考成长之路，增强学习英雄的信念，激发爱国主义情感和历史使命感。

▶▶ **教学策略**

本课设置"难忘：正确抉择，秘密入朝""鏖战：国魂之战，英雄赞歌""和平；立国之战，屹立东方""传承；历史铭记，致敬英雄"四个篇章突破主题。

历史与思想政治学科合作，通过分析美军侵略史实、"唇亡齿寒"的典故、邱少云家书等，解读为反对外来侵略、维护中国人民的利益、巩固新政权而坚决出兵的正确抉择，进而形成对中华民族的认同，对中华文化的认同，对

1　设计者：李文海，可克达拉市镇江高级中学历史教师，新疆维吾尔自治区"天山英才"2023年度第二批教育教学名师；谢蓉华，可克达拉市镇江高级中学政治教师，兵团第四师可克达拉市骨干教师。

2　《普通高中历史课程标准（2017年版2020年修订）》，人民教育出版社，2020，第14页。

3　《普通高中思想政治课程标准（2017年版2020年修订）》，人民教育出版社，2020，第17、21、23页。

中国共产党的认同；通过史料、家书等创设情境，在微观中呈现坚守上甘岭的志愿军战士黄继光"舍小家为大家"的英雄壮举，分析上甘岭战役志愿军胜利的综合原因，理解志愿军在中国共产党的领导下为捍卫民族尊严和保卫和平而不畏强敌、英勇无畏、视死如归的战斗精神；通过对抗美援朝谈判的叙述及相关史料的分析，理解抗美援朝战争胜利的意义，认识到抗美援朝精神是中华民族实现伟大复兴的精神动力；通过学习习近平总书记的讲话和新时代戍边英雄的光荣事迹，感悟"新时代最可爱的人"——戍边英雄无私奉献的爱国主义精神，激发爱国之情，增进强国之志。

两科围绕抗美援朝，探讨红色信仰所体现的时代价值，传递"铭记历史、致敬英雄、珍爱和平"的价值取向和追求。

▶▶ 教学重难点

重点：抗美援朝战争胜利的历史意义。

难点：抗美援朝精神的时代价值。

▶▶ 教学设计

课堂导入 🔗

展示材料 1，同步播放中国诗词大会上北京师范大学文学院康震教授热泪盈眶地解读《谁是最可爱的人》的视频。

材料 1 亲爱的朋友们，当你坐上早晨第一列电车走向工厂的时候，当你扛上犁耙走向田野的时候，当你喝完一杯豆浆，提着书包走向学校的时候，当你安安静静坐到办公桌前计划这一天工作的时候，当你向孩子嘴里塞着苹果的时候，当你和爱人悠闲散步的时候，朋友，你是否意识到你是在幸福之中呢？你也许很惊讶地看我："这是很平常的呀！"可是，从朝鲜归来的人，会知道你正生活在幸福中。请你们意识到这是一种幸福吧，因为只有你意识到这一点，你才能更深刻了解我们的战士在朝鲜奋不顾身的原因。朋友！你已经知道了爱我们的祖国，爱我们的伟大领袖毛主席，请再深深地爱我们的战士吧，他们确实是我们最可爱的人！[1]

今天，让我们一起翻开历史，重温当年志愿军战士英勇、豪迈、能打仗、打胜仗的钢铁意志和坚强信念。勿忘历史，致敬英雄！

【设计意图】

教师借助康震教授的深情解读营造氛围，拉近课堂与历史的距离，引发学生共鸣，引导学生体会今天的和平来之不易。这个世界，哪有岁月静好，只不

---

1 《义务教育教科书 语文 七年级》下册，人民教育出版社，2016，第 41 页。

过是有人在为你遮风挡雨、负重前行。向我们"最可爱的人"致敬！

教学过程 ⚙

篇章一　　难忘：正确抉择，秘密入朝

【情境创设】

材料2　1950年6月美军第七舰队侵入中国台湾海峡，阻挠解放台湾。[1]

美国第七舰队侵入中国台湾海峡

材料3　1950年8月27日起，侵朝美空军不断侵入中国东北领空，疯狂轰炸边境城镇和乡村。[2]

侵朝美空军轰炸中朝边境

1　《辽宁丹东：老照片记录抗美援朝战争史》，https：//www.81.cn/js_208592/9869647.html，访问日期：2024年3月20日。

2　《辽宁丹东：老照片记录抗美援朝战争史》，https：//www.81.cn/js_208592/9869647.html，访问日期：2024年3月20日。

材料 4　中朝是唇齿之邦，唇亡则齿寒。朝鲜如果被美帝国主义压倒，我国东北就无法安定。我国的重工业半数在东北，东北的工业半数在南部，都在敌人轰炸威胁的范围之内……如果美帝打到鸭绿江边，我们怎么能安定生产？[1]

材料 5　邱少云入朝作战前的家书节选。

亲爱的哥哥和弟弟们：

……前些日子，我报名参加了中国人民志愿军……听我们指导员说，美国佬在朝鲜杀人放火，干尽了坏事。他们占领了我国台湾省，还想占领全中国。美国佬要是占领了我们的国家，我们就要回到旧社会去。[2]

【任务驱动】

围绕"正确抉择，秘密入朝"的核心任务，设置以下问题：

阅读材料 2 至材料 5，结合所学知识，思考：面对美国的侵略行为，为什么我们"应当参战、必须参战"？

【学生探究】

学生结合图片、文字史料，从国家利益、传统智慧、现实需求等维度自主探究，进行归纳概括。

① 国家利益：维护国家安全，巩固新中国政权。

② 传统智慧：唇亡齿寒。

③ 现实需求：保障人民当家作主的权利。

【设计意图】

教师引导学生通过分析史料，认识到出兵朝鲜是必要的，战争的性质是正义的、反侵略的，理解出兵是为了巩固新政权，保障中国人民通过长期斗争获得的权利，涵养学生史料实证和历史解释核心素养。

教师引导学生从"唇亡齿寒"中看到中华优秀传统文化的传承与发展，增加对传统文化的认同，认同中国共产党之所以能够做出伟大正确的决策，是因为其能够坚持把马克思主义基本原理同中华优秀传统文化相结合，使学生在阅读中思考伟人的决策，感受伟人的气魄和决断。

教师引导学生从公共参与的角度理解邱少云家书，切实感受人民对党和新生政权的高度认可。

1　《周恩来选集》下卷，人民出版社，1984，第 51 页。

2　姚桓、张忠友：《红色家书中的赤诚炽爱》，广西师范大学出版社，2021，第 201 页。

【情境创设】

材料6　国魂之战——坚守上甘岭。

"联合国军"在仅有3.7平方公里的土地上先后倾泻炸弹190多万发，平均每天24000发，每秒钟6发，每平方米土地76枚……据一位在坑道里待了20天的15军45师摄影员回忆："……硝烟味、硫黄味、血腥味、屎尿味弥漫在坑道里，让人窒息。坑道里最缺的是水，压缩饼干根本就咽不下去……有一个坑道，10多名战士直到饿死，还端着冲锋枪守在坑道口。"[1]

材料7　一封家书——舍身堵枪口的黄继光。

播放剪辑的视频：2019年7月17日江西卫视《跨越时空的回信》第12期节目。

1952年4月29日，黄继光在战斗间隙给母亲写了一封信。

母亲大人：

男于阳历10月26日接到来信，知道家中人都很安康。目前，虽然有些少些困难，请母亲不要忧愁。想咱在前封建地主压迫下，过着牛马奴隶生活，现在，虽有少些困难，是能够度过去的。要知道咱们英明共产党，伟大领袖毛主席正确领导下，幸福的日子还在后头呢！

现在，为了祖国人民需要，站在光荣战斗最前面，为了全祖国、家中人等幸福日子，男有决心在战斗中为人民服务，不立功不下战场。

【任务驱动】

围绕"国魂之战，黄雄赞歌"的核心任务，设置以下问题链：

1. 阅读材料6、材料7，思考黄继光家书与黄继光"从容赴死，向死而生"的英雄事迹有何关系。

2. 是什么样的力量和信念支撑着志愿军战士持久坚守并最终取得上甘岭战役的胜利？

3. 运用有关文化传承与创新的知识说明黄继光家书的重要性。

【学生探究】

1. 学生在阅读史料的过程中体会黄继光英勇献身的英雄气概，结合所学知识探究概括。

黄继光以实际行动保卫国家、守护人民、回报亲人。家书体现出黄继光时

1　徐平：《上甘岭战役为什么这么出名？》，http://www.mod.gov.cn/gfbw/gfjy_index/js_214151/4843738.html，访问日期：2024年3月20日。

刻准备为国献身，其力量源泉在于党组织的培养和家庭教育的熏陶。

2. 学生结合所学知识，从中国特色社会主义制度的优越性和最本质特征、社会历史主体应具有的家国情怀和责任担当等角度合作探究，进行呈现。

要点：中国共产党的坚强领导；对伟大祖国的爱；中国志愿军的聪明智慧；全国人民的大力支持。

3. 学生结合所学知识，从坚持马克思主义科学世界观和方法论、树立高度文化自觉与国家发展关系等角度进行梳理概括。

要点：有利于树立正确的世界观、人生观和价值观，激励青年立报国志、践报国行；有利于弘扬和培育以爱国主义为核心的中华民族精神，为推动社会发展提供强大的精神动力；有利于传承家庭美德以形成良好社会风尚，推动社会主义精神文明建设；有利于践行社会主义核心价值观，培育担当民族复兴大任的时代新人。

【设计意图】

教师引导学生了解黄继光的成长过程和黄继光英勇捐躯的感人事迹，深刻理解黄继光对母亲的思念、对中国共产党的热爱、不怕牺牲的革命英雄主义精神，涵养学生的家国情怀。

教师引导学生通过诵读家书领悟以革命文化为代表的优秀文化作品的影响力和感召力，促使学生增强文化自觉，坚定文化自信。

篇章三　　和平：立国之战，屹立东方

【情境创设】

材料8　有关朝鲜战争谈判的两幅图片。

1953 年 7 月 27 日，《朝鲜停战协定》在板门店正式签订

中国人民志愿军司令员彭德怀在停战协定文本上签字

材料9 经此一战，中国人民粉碎了侵略者陈兵国门、进而将新中国扼杀在摇篮之中的图谋，可谓"打得一拳开，免得百拳来"，帝国主义再也不敢作出武力进犯新中国的尝试，新中国真正站稳了脚跟。[1]

材料10 （抗美援朝战争的胜利）雄辩地证明：西方侵略者几百年来只要在东方一个海岸上架起几尊大炮就可霸占一个国家的时代是一去不复返了。[2]

材料11 如果说新中国成立前的国内战争是中华人民共和国的"开国之战"，那么朝鲜战争便是新中国不折不扣的"立国之战"。这场胜利涤荡了中国百年国耻和民族自卑感。"胜利激发出空前的民族自豪感和自信心，迟早会产生一个民族振兴的伟大时代。"中国作家宋宜昌如是说。[3]

【任务驱动】

围绕"立国之战，屹立东方"的核心任务，设置以下问题：

根据材料8至材料11，结合所学，分析为什么毛泽东评价抗美援朝是"打得一拳开，免得百拳来"。

【学生探究】

学生运用历史知识，结合史料，分组探究，高度概括。

军事层面：打出了国威和军威，提高了新中国的国际地位。

政治层面：沉重打击了帝国主义的侵略扩张，捍卫了新中国的安全，巩固了新生的政权。

1　习近平：《在纪念中国人民志愿军抗美援朝出国作战70周年大会上的讲话（2020年10月23日）》，人民出版社，2020，第5—6页。

2　中共中央文献研究室：《建国以来重要文献选编》第4册，中央文献出版社，1993，第379页。

3　李峰：《决战朝鲜》，长江文艺出版社，2008，第379页。

民族层面：增强了中华民族的凝聚力和自信心，是中华民族走向伟大复兴的重要里程碑。

【设计意图】

教师引导学生分析材料，合作探究，做到论从史出、史论结合，培养学生合作意识和多角度分析问题的能力，涵养学生历史解释和史料实证核心素养。

篇章四　传承：历史铭记，致敬英雄

【情境创设】

材料 12　习近平在纪念中国人民志愿军抗美援朝出国作战 70 周年大会上的讲话视频片段。

伟大抗美援朝精神跨越时空、历久弥新，必须永续传承、世代发扬。

中国人民不惹事也不怕事，在任何困难和风险面前，腿肚子不会抖，腰杆子不会弯！中华民族是吓不倒、压不垮的！

现在中国人民已经组织起来了，是惹不得的。如果惹翻了，是不好办的！

让我们更加紧密地团结在党中央周围，弘扬伟大抗美援朝精神雄赳赳、气昂昂，向着全面建设社会主义现代化国家新征程，向着实现中华民族伟大复兴的中国梦，继续奋勇前进！

材料 13　视频《时代楷模发布厅》20210303。[1]

拉齐尼的爷爷凯力迪别克·迪力达尔自告奋勇，成为红其拉甫边防连最早的向导。1972 年，他把这项光荣的使命交给了拉齐尼的父亲巴依卡："不能让界碑移动哪怕 1 毫米！""我们人在哪里，边防线就在哪里，一定要守好！"巴依卡接过了父亲的接力棒，用随身带着的水泥修葺界碑，用红油漆一次次仔细描摹"中国"，用双脚踏遍防区的每一寸土地。2004 年，父亲巴依卡将自己手绘的巡逻图交给拉齐尼，并对他说："我把最珍爱的东西交给你了，这个棒你要接好。"从此，拉齐尼跟爷爷和父亲一样，成为"不穿军装"的边防"战士"。拉齐尼和父辈踏遍边防线上的每一块界碑、每一条河流、每一道山岗，和千千万万爱国爱疆、守边护边的群众一起，为共和国的边境筑起"家家是哨所、人人是哨兵"的钢铁长城。

【任务驱动】

围绕"历史铭记，致敬英雄"的核心任务，设置以下问题链：

1. 结合材料 12、材料 13 和所学知识，思考"最可爱的人"——戍边英

1　https://tv.cctv.com/2021/03/05/VIDEt9pgBy5KyYpcKWLaTasS210305.shtml，访问日期：2024 年 3 月 20 日。

雄究竟在守护什么。

2. 运用物质和意识的辩证关系，结合材料，说明在实现民族复兴的征程中，我们怎样才能不负韶华，不负时代。

【学生探究】

1. 学生结合习近平总书记的讲话和新时代戍边英雄拉齐尼的光荣事迹，从国家、民族、人民的关系理解探究，进行呈现。

戍边英雄守护的是国家的安宁、民族的尊严、人民的健康。

2. 学生结合发生在身边的感人肺腑的故事，运用思想政治学科知识，合作探究，归纳概括。

青年学生要坚持一切从实际出发，根据时代要求和自身实际做好人生规划，主动接过英雄的先辈们手中的重担，担当起青年一代的责任和使命。

青年学生要坚定理想信念，树立远大理想，在尊重客观规律的基础上充分发挥主观能动性，积极投身到为人民服务的伟大社会实践中，为实现中华民族伟大复兴而团结奋斗。

【设计意图】

教师把历史与现实联系起来，通过语言升华、图片造势、音乐烘托引发学生共鸣，赓续红色血脉，培养学生的家国情怀；回扣主题，增强学生的历史使命感和民族认同感，致敬平凡的伟大英雄，引导学生立志做胸怀国家、志存高远的社会主义新青年。

▶▶ 课堂小结

为了保家卫国，年轻的共和国派出中国人民志愿军入朝参战。在中国共产党的领导下，志愿军充分发扬抗美援朝精神，以"钢少气多"的战斗精神赢得了战争的胜利，彰显了新中国的大国地位。秉持祖国利益高于一切的信念，带着使命和责任，黄继光、邱少云等英雄生动践行了熠熠生辉的爱国主义、革命英雄主义。时代变迁，精神永恒，红色薪火必将永续传承。

▲ 反思感悟

本课以素养为导向，主题明确，逻辑清晰，通过内容丰富、形式多样的材料创设情境，在微观细节中解读"最可爱的人"，帮助学生树立正确的民族观、国家观，落实了立德树人的根本任务。

本课以家喻户晓、动人心扉的英雄故事导入，走进历史的时光隧道，引发学生共鸣。在授课中，教师从微观材料入手，以设置问题的方式引导学生理解重难点，注重历史学科内知识的纵向联系和横向比较，注意同思想政治学科有机交融，培养学生多角度发散思维能力；引导学生在倾听中感悟英雄的爱国情怀，增强情感体验，主动反思并分享自身看法，激发学生的爱国情和强国志。

"烽火连三月，家书抵万金。"本课通过诵读家书，引导学生体悟邱少云、黄继光革命思想的高尚与成熟，理解中国共产党对士兵成长发挥的引领和推动作用。本课将历史与现实结合，引导学生进行职业规划，思考自己的成长之路。

值得注意的是，本课也存在一些问题。一是跨学科主题教学在融会贯通方面的粘连度不够，给人"两张皮"的印象。二是因问题涵盖思想政治和历史，容量多，跨度大，节奏较快，对学情的分析预判不够到位，部分学生在思维转换时发生"短路"。三是教学定位欠精确。本课属于拓展课的范畴，但课堂上精读课的痕迹过重，师生的发挥受限。我们需要对课程做进一步的打磨。

专家点评

本跨学科主题教学设计突出情境性和生活化，在任务的驱动下实现思想政治与历史学科的碰撞与融合，使学科知识高度关联。教师通过图片、文字、视频等方式创设情境，采用对话与倾听、合作与探究的方式进行共学，促进学生学习方式的转变，培养学生多角度分析问题和解决问题的能力，从而提升学生思维品质。

红色文化是由中国共产党人和广大人民群众共同创造的、极具中国特色的先进文化，蕴含着丰富的革命精神和厚重的历史内涵。本课在微观中呈现上甘岭战役等，通过多视角、多层次的史料阐释及问题驱动，从已有的单向度的历史叙事转向重构历史的多重叙事，引导学生深切感受中国共产党人的大无畏牺牲精神和人民群众的无私奉献精神；结合发生在学生身边的事例（"帕米尔雄鹰"拉齐尼一家的故事），引导学生探寻其反映的历史变迁，拉近学生生活与历史之间的距离，提升学生对历史的认知，促使学生形成正确的民族观、国家观，形成对伟大祖国的认同，对中华民族的认同，对中华文化的认同，对中国共产党的认同，对中国特色社会主义道路的认同。本课提供的渗透人文底蕴、科学精神、责任担当等核心素养的跨学科活动，促进了学生高阶思维的发展。

（点评人：李月琴，华东师范大学副教授）

穿越时空的中国外交智慧[1]

▶▶ **课程标准**

1. 了解独立自主的和平外交政策的主要成就。[2]（历史）

2. 解释我国独立自主的和平外交政策，阐述合作共赢的理念，认识构建人类命运共同体的意义。[3]（思想政治）

▶▶ **教学立意**

中国自古以来坚持友好和平的对外交往政策，源自传统文化的外交智慧在中国历史发展的进程中一直起着重要的作用。通过对中国外交智慧内涵的解读，引导学生形成对国家和党的政治认同，增强家国情怀。

▶▶ **学习目标**

1. 了解中国自古以来的对外交往理念，加强对中华文化的认同；通过对建设"一带一路"和担当负责任大国的史实学习，达成家国情怀和政治认同的素养目标。

2. 驳斥"国强必霸"的观点，科学认识中国在世界外交舞台的实践，达成科学精神的素养目标。

3. 了解新中国外交政策的调整，科学认识时代背景对外交政策的影响，认识到中国共产党坚持实事求是、与时俱进的科学精神，达成唯物史观和科学精神、家国情怀和政治认同的素养目标。

▶▶ **教学策略**

本课设置"古代：探古代丝路，观'天下大同'之理""现代：析万隆会议，承'和平共处'之道""当代：知'一带一路'，顺'命运共同体'之势"三个篇章突破主题。

历史与思想政治学科合作，通过对中国古代丝绸之路的开辟与拓展，以及我国首倡和平共处五项原则、参加万隆会议提出"求同存异"方针及新时代下倡议"一带一路"的和平外交实践等史实的认知，引导学生运用政治理论知识及方法论，深刻理解中国外交智慧的内涵，认同中国坚持独立自主的和平

1　设计者：马晓云，江苏省镇江中学历史教师；施小霞，江苏省镇江中学政治教师。

2　《普通高中历史课程标准（2017年版2020年修订）》，人民教育出版社，2020，第31页。

3　《普通高中思想政治课程标准（2017年版2020年修订）》，人民教育出版社，2020，第24页。

外交政策，感知中国对世界历史及人类文明发展的巨大贡献。

两科围绕"穿越时空的中国外交智慧"自然衔接，融会贯通，引导学生深入理解中国外交智慧对人类发展的重大意义。

教学重难点

重点：中国外交智慧的内涵。

难点："一带一路"蕴含的外交智慧。

教学设计

课堂导入 🔗

中国作为世界文明大国，几千年来屹立于世界之林。近代以来，中国虽历经磨难，但最终又涅槃重生。如今，中国的国际地位越来越高，国际影响力越来越大。现代中国之所以能振兴，原因之一是富于国家治理的智慧。面对世界治理中纷繁复杂的问题，中国也在积极输出中国智慧，贡献中国力量。今天，我们就围绕中国外交的发展历程，来一场穿越时空之旅。

教学过程 ⚙️

> 篇章一　　古代：探古代丝路，观"天下大同"之理

环节一：探古代丝路

【情境创设】

1. 学生创设情境：学生代表展示 PPT，讲述古代丝绸之路的故事，梳理古代丝绸之路形成与发展的基本史实。

2. 教师创设情境，展示材料 1 至材料 3。

材料 1　丝路物语——东西商队，不绝于途。

谢振瓯《丝绸之路》（局部）

材料2　丝路记忆——中外使者，相望于道。

张骞出使西域，使我国同中亚、西亚和各国的经济文化交流日益频繁……
从此，西汉和葱岭以西各国之间的使节和商旅往来络绎不绝。随着他们的到
达，"殊方异物，四面而至"。[1]

材料3　丝路印象——多元文化，交汇于路。[2]

克孜尔千佛洞飞天像（一）　　　　　克孜尔千佛洞飞天像（二）

【任务驱动】

围绕"探古代丝路"的核心任务，设置以下问题：

结合课本及材料，你认为下列的空白处填写哪些词语更合适？

东西商队，不绝于途——＿＿＿＿＿＿＿＿＿＿＿＿＿＿之路

中外使者，相望于道——＿＿＿＿＿＿＿＿＿＿＿＿＿＿之路

多元文化，交汇于路——＿＿＿＿＿＿＿＿＿＿＿＿＿＿之路

【学生探究】

学生解读材料，结合古代丝绸之路的发展历史自主探究，梳理概括。

东西商队，不绝于途——商贸交流之路

中外使者，相望于道——友谊交往之路

多元文化，交汇于路——文化交汇之路

【设计意图】

教师引导学生了解古代丝绸之路的历史，解读历史图片和史料，进一步认
识古代丝绸之路在世界历史发展中的地位。

1　朱绍侯：《中国古代史》，福建人民出版社，1990，第320页。

2　《在丝绸之路的梦幻石窟中，一位青年开启了人生蜕变之旅》，https：// www.sohu.com/a/
616221930_121124779，访问日期：2024年3月20日。

环节二：观“天下大同”之理

【情境创设】

材料4 丝绸之路远不止是一条连接东西方的贸易道路，而是贯穿推动两千年人类文明历程和世界史的伟大道路，丝绸之路之于人类历史的重要性，就像一个人的动脉和静脉。

两千年前，中国既是丝绸之路的开拓者，又是规则的制订者。[1]

【任务驱动】

围绕“观‘天下大同’之理”的核心任务，设置以下问题链：

1. 结合材料4及中国对古代丝绸之路发展的贡献，谈一谈古代丝绸之路精神的内涵。

2. 古代丝绸之路体现了中国传统文化中的什么价值理念？

【学生探究】

1. 学生解读材料，结合古代中国与沿丝绸之路国家互动交往的史实进行概括。

古代丝绸之路精神的内涵：（政治）和平、开放；（经济）互利、共赢；（思想）互学、互鉴。

2. 学生在教师的引导下合作探究，归纳总结。

价值理念：天下大同、天下一家、人人平等、友爱互助。

【设计意图】

教师引导学生总结中国在古代丝绸之路形成和发展过程中的作用，以及古代中国与沿丝绸之路国家进行交往的史实，帮助学生理解古代中国对外交往以和为贵、和平友好的理念，体会古代中国在世界历史发展中贡献的治理智慧，进一步增强学生对中华优秀传统文化的认同。

> **篇章二 现代：析万隆会议，承“和平共处”之道**

环节一：析万隆会议

【情境创设】

1. 学生创设情境：学生代表展示PPT，讲说万隆会议的基本史实。

2. 教师创设情境，展示材料5、材料6。

材料5 周恩来的发言把会议拉回到预定主题上，就连亲西方的菲律宾代表罗慕洛也为之折服。“这个演说是出色的、和解的，表现了民主精神。”

印度尼西亚《民族使者报》在万隆会议闭幕的第二天发表的一篇评论中

---

1 彼得·弗兰克潘：《丝绸之路——一部全新的世界史》，邵旭东、孙芳译，浙江大学出版社，2016，第11、12页。

赞扬说："周恩来总理所表现的希望友好和避免不愉快的争论，对于这次历史意义的会议贡献不小。"[1]

材料6 他在万隆会议上，并没有争取任何人信仰共产主义，也没有在会上动员任何人支持共产党的宣传，也没有鼓励别人做激烈反美和反西方带头建立条约组织的发言，但他却使许多代表信服他是一个心怀善意、通情达理而真挚诚恳的人，相信中国提出的和平共处国际关系准则是公平合理的，也是大有前途的。[2]

【任务驱动】

围绕"析万隆会议"的核心任务，设置以下问题：

万隆会议期间，以"求同存异"为基础的中国外交活动展现了中国怎样的价值理念？

【学生探究】

学生解读材料中的有效信息，了解万隆会议的相关史实，在历史教师的引导下高度概括总结。

万隆会议上的中国外交活动，尤其是周恩来提出的"求同存异"的方针，扭转了会议方向，促进了会议的成功。周恩来发挥其外交智慧，树立了中国友好和平的国际形象，推动中国外交取得了新进展。其体现的价值理念是以和为贵、以诚相待、君子和而不同。

【设计意图】

教师通过介绍中国参加万隆会议的基本史实，帮助学生了解新中国在参与国际会议时是如何展现大国风采、如何为积极发展和平友好的外交关系而努力的；引导学生结合材料认识中国外交所蕴含的优秀传统文化理念，进一步理解中国是如何为二战结束初期的亚非拉地区的振兴与发展贡献智慧的。

环节二：承"和平共处"之道

【情境创设】

材料7 1949—1953 年与中国建交国家数据简表。

年份	1949	1950	1951	1952	1953
建交国家数量	10	9	1	0	0

注：据中华人民共和国外交部网站上的《中华人民共和国与各国建立外交关系日期简表》整理而成。

---

1 郭伟伟：《周恩来万隆会议展风采》，《党史博采》2006 年第 4 期。

2 姚仲明、杨清华：《回忆周总理对建立和平共处国际关系的卓越贡献》，https：// baijiahao. baidu.com/s？ id=1732372117181756480&wfr=spider&for=pc，访问日期：2024 年 3 月 20 日。

材料8　1953年夏，交战双方正式签字停战。作为战争一方的中国需要加紧实现第一个五年计划的建设目标……毛泽东提出："不同制度的国家可以和平共处，这是苏联提出来的口号，也是我们的口号。"[1]

【任务驱动】

围绕"承'和平共处'之道"的核心任务，设置以下问题链：

1. 1953年，中国为什么要提出和平共处五项原则？

2. 结合材料，分析从"一边倒"到和平共处五项原则体现了新中国外交政策的什么变化，和平共处五项原则展现出中国哪些外交智慧。

【学生探究】

1. 学生根据材料解读信息，得出结论。

材料7反映了新中国成立初期，经历了第一次建交高潮后，中国外交面临困局。这说明"一边倒"的外交方针存在一定局限。材料8反映了1953年朝鲜战争结束后，我国的重心逐步转移到经济建设上，因此需要更为稳定的外部环境。此时，我国外交政策的依据逐步从意识形态转向经济建设与国家利益。

原因："一边倒"的外交方针一定程度上限制了新中国对外交往的发展；国内开展经济建设需要稳定的国际环境。

2. 学生合作解读材料，在历史教师的引导下思考外交政策的变化，概括总结。

变化：由阶级对抗的革命外交转向和平共处的务实外交；从结盟外交转向合作外交。

外交智慧：独立自主、和平共处、平等互利、合作共赢。

【设计意图】

教师通过引导学生分析中国外交政策的调整，落实历史学科的唯物史观、科学精神核心素养；通过引导学生解读和平共处五项原则的内容、特点，使学生深刻理解该原则的内涵，认识到中国提出的和平共处五项原则符合世界人民的根本利益，中国致力于用和平谋发展、用和平促友好，为世界和平发展作出了巨大的贡献，落实历史学科家国情怀与思想政治学科政治认同的核心素养。

篇章三　　当代：知"一带一路"，顺"命运共同体"之势

环节一：知"一带一路"成绩

【情境创设】

1. 学生创设情境：学生代表展示PPT，讲解发生在"一带一路"上的中外交往的小故事。

---

[1] 杨奎松：《炮击金门与1950年代毛泽东对美战略》，《江淮文史》2012年第4期。

2. 教师创设情境，展示材料9。

材料9 新浪微博"外交部发言人办公室"账号评论截图。

新浪微博"外交部发言人办公室"账号评论截图

【任务驱动】

围绕"知'一带一路'成绩"的核心任务，设置以下问题链：

1. 有网友表示，"一带一路"作为繁荣之路，推动了沿线国家经济的发展，自然朋友圈越来越大。请结合发生在"一带一路"上的中外交往小故事，就以上评论谈谈你的认识。

2. 阐述"一带一路"体现了怎样的中国外交智慧。

【学生探究】

1. 学生结合"一带一路"上中外交往的小故事进行讨论，开放式概括。

共建"一带一路"是主动引领全球治理、构建合作共赢的新型国际关系和推动构建人类命运共同体的生动实践。

2. 学生合作探讨，在教师的引导下自由发表见解。

对我国：深化对外开放；促进综合国力的提升；提高国际影响力。

对他国：合作共赢；促进贸易与投资；扩大就业；促进经济；文明交融。

对世界：经济全球化朝着更加开放、包容、普惠、平衡、共赢的方向发展；构建新型国际关系；促进和平与发展，推动构建人类命运共同体。

对全球治理：搭建起了开放包容的国际合作平台，展现了"共商共建共享"的全球治理观。

【设计意图】

教师介绍从倡议"一带一路"到共建"一带一路"的实践，使学生深入认识到中国为世界治理贡献智慧不是纸上谈兵，而是真真切切地努力、脚踏实地地行动，彰显了负责任大国的风范，从而促进学生达成历史学科家国情怀核心素养目标与思想政治学科政治认同核心素养目标。

环节二：驳"国强必霸"之谬论

【情境创设】

在共建"一带一路"奏响"和音"的同时，我们也听到了些许"杂音"："一带一路"是中国建造的"债务陷阱"，意在"地区霸权"，而中国会走"国强必霸"之路。这项具有划时代意义的倡议遭到西方政客的频繁抹黑，西方执意把自身的殖民主义思维投射到中国身上。

【任务驱动】

围绕"驳'国强必霸'之谬论"的核心任务，设置以下问题：

请结合理论与实际、历史与现实，驳斥"中国会走'国强必霸'之路"的论调。

【学生探究】

学生结合中国自古以来对外交往的史实，运用思想政治学科知识，自主探究，总结归纳。

① 中国走和平发展道路，是从历史、现实、未来的客观判断中得出的结论，是思想自信和实践自觉的有机统一。

② 中国走和平发展道路源于中华文明的深厚渊源，源于对实现中国发展目标条件的认知，源于对世界发展大势的把握。

结论："中国会走'国强必霸'之路"的论调是极为荒谬的。

【设计意图】

教师引导学生基于已学历史知识，运用思想政治理论，以史论结合的形式辩驳"国强必霸"的论调，加深学生对中国自古以来坚持和平发展道路的认知，培养学生历史解释的核心素养。

教师引导学生通过观点剖析与辩驳，在思考的过程中运用思想政治学科的唯物主义与辩证主义，促进科学精神核心素养目标的达成。

环节三：顺"命运共同体"之势

【情境创设】

当今国与国之间的发展鸿沟日益突出，兵戎相见时有发生，恐怖主义、难民危机、重大传染性疾病、气候变化等非传统安全威胁持续蔓延。2020 年以来，新冠疫情叠加地缘政治冲突，严重冲击了全球粮食和能源供应链，全球能源安全与粮食安全面临严峻挑战。2021年9月，习近平主席在第七十六届联合国大会一般性辩论上发表讲话时提出了全球发展倡议。

【任务驱动】

围绕"顺'命运共同体'之势"的核心任务，设置以下问题链：

1. 结合历史及思想政治所学内容，说明中国自古以来为世界发展贡献了哪些外交智慧。

2. 课后任务：请选择一个国际社会面临的全球性问题，了解背景与现状，结合中国外交智慧，构想一份治理方案。

【学生探究】

1. 学生结合中国自古以来对外交往的史实，运用所学知识进行概括总结。

要点：和而不同、天下大同、和合共生、交流互鉴；共商共建共享的全球治理方案；推动构建以合作共赢为核心的新型国际关系；推动构建人类命运共同体。

2. 学生课后合作查找相关资料，思考拓展，进行呈现。

【设计意图】

教师引导学生通过讨论与合作总结中国的外交智慧，形成条目化的概括。这一方面可以加深学生对本课主干知识的认知，另一方面可以为课后的学生活动提供铺垫。

课后任务拓展可以考查学生综合利用课堂已学知识，将思想政治、历史学科知识与能力素养融合后解决问题的能力。

▶▶ **课堂小结**

回顾历史，中国长期坚持友好和平、交流互鉴的外交理念，特别是中华人民共和国成立后，秉持独立自主和平的外交方针，与时俱进、实事求是地调整外交策略，积极与世界各国发展友好关系。中国外交既谱写了一曲大国崛起的历史赞歌，也彰显了负责任大国的积极姿态。

中华优秀传统文化蕴含着深厚的内涵和丰富的智慧，其中的"和为贵""和而不同""兼容并包"是中华文化经久不衰的重要原因。中国共产党坚持将中华优秀传统文化融入与世界交往的实践中，体现了高超的执政智慧和治国水平。

👤 **反思感悟**

跨学科主题教学，顾名思义，是在单一学科教学中融入其他学科内容。其精髓是"打破学科壁垒，通过教学目标与内容的融合、教材的融合、教师教研与教学方式的融合等实现学科的统整与融合，为学生创设更适切的学习内容、学习方式和学习环境"[1]。这也是本课想要达成的效果。

从教学构思上看，我们聚焦于历史与思想政治学科的交叉领域，梳理了各自学科相关内容的具体知识点。本课围绕"外交智慧"，用历史学科知识补充思想政治学科缺少的古代中国对外交往的内容。在不同时空阶段，设计探究问题作为任务驱动，引导学生在学习中自主探究，形成以史实为基本依托，运用政治理论知识及方法论，探究和解读自古以来中国外交智慧内涵的学习过程。

从教学实践上看，虽然本课教学的主体任务和主要目标基本达成，但是也存在一些需要改进的地方。一方面，教学时间不够，导致教学的最后环节结束得比较匆忙；另一方面，两位教师在教学环节尚未达到深度融合，导致创设的情境稍有疏离感，对融合学习环境的设计有待加强。

专家点评

跨学科主题教学实施的重要前提，是精准地把握不同学科的交叉点并加以整合。在这点上，本课不拘泥于课本知识，而是在整合思想政治与历史两门学科的知识内容后，选择"中国外交"作为学科交融点，为思想政治与历史跨学科主题教学的实施创造了基础。从历史角度来说，中国外交的发展历程是中国不断崛起与复兴的历程。从思想政治角度来说，中国外交是国家治理的重要表现。总之，中国外交的发展对整个中国的发展有着重要的启示价值。

跨学科主题教学相较于普通教学，其优势在于通过学科间的融合，既照顾到学科知识内容的学习，同时又能进一步延伸课堂的维度，打破学科的壁垒，进而拓宽学生的视野，提升学生的能力素养，促进学生对学科知识全面而深入的理解。

历史课在教学过程中更关注中国自古以来对外交往的活动及影响。思想政治课倾向于从大国外交的角度认识中国在世界舞台上作出的巨大贡献。本课以"穿越时空的中国外交智慧"为主题，通过"穿越时空"梳理我国自古以来的外交活动的史实，完成历史学科课程要求，又通过设计活动，重点解读现代中国外交在不同时期的成就，彰显中国对世界治理的贡献，完成思想政治学科课程要求。

在教学中，教师能精准把握思想政治与历史两门学科的国家课程标准，深入研究这两门学科的学科素养，设计了政史融合型的教学目标及教学活动，对跨学科主题教学的实施进行了较为明确的规划。此外，本课教学设计结构清晰，坚持以学生活动为主体，以培养学科素养为目标，通过研读多元材料、教

1　尹巧云：《融合课程的方法与策略》，《中国教师》2016 年第 16 期。

师提问、学生讲解和讨论等形式，鼓励学生积极参与课堂活动，营造了良好的课堂氛围。

本课在具体实践中采用的是双师教学模式，这种模式一般用于活动型课程。教师可以考虑将跨学科主题教学模式融入普通课堂教学，由一位教师完成教学活动，从而减少二师并存给课堂带来的弊端，进一步培养和提升学生的专注度和开放思维。

（点评人：唐琴，正高级教师、特级教师；李月琴，华东师范大学副教授）

13   **造福全球甘奉献　追求不懈看隆平**[1]

▶▶ **课程标准**

1. 运用图表，解释中国耕地资源的分布，说明其开发利用现状，以及耕地保护与粮食安全的关系。[2]（地理）

2. 语篇不仅为学生发展语言技能和形成学习策略提供语言和文化素材，还为学生形成正确的价值观提供平台。通过学习语篇所承载的文化和价值观等具有深刻内涵的内容，使学生学会欣赏语言和多模态语篇的意义和美感，丰富生活经历，体验不同情感，树立正确的世界观、人生观和价值观。[3]（英语）

3. 解释我国独立自主的和平外交政策，阐述合作共赢理念，理解人类命运共同体的意义。[4]（思想政治）

▶▶ **教学立意**

作为人口大国，我国耕地资源相对有限，现代农业技术的发展和应用对保障我国粮食安全至关重要。以袁隆平为代表的农业科学家对我国及世界农业的发展作出重要贡献。围绕袁隆平的事迹展开，便于学生对农业发展、国际合作之意义进行探究。

▶▶ **学习目标**

1. 了解我国耕地资源特点及开发利用现状，认识耕地保护与粮食安全的关系。

2. 了解人们对袁隆平的评价，理解以袁隆平为代表的农业科学家对我国及全球农业发展的贡献。

3. 理解国家利益决定国际关系，国家间共同利益是国际合作的基础，树立粮食安全意识。

4. 运用地理、英语、思想政治学科的观念、知识与方法，探究向盐碱地要粮食，提高粮食产量的措施（以海水稻技术的攻关和推广为例），理解

1　设计者：王华，可克达拉市镇江高级中学英语教师，兵团第四师可克达拉市教坛新秀；王雪琴，可克达拉市镇江高级中学政治教师，吕艳艳，可克达拉市镇江高级中学地理教师，兵团第四师可克达拉市教坛新秀。

2　《普通高中地理课程标准（2017年版2020年修订）》，人民教育出版社，2020，第15页。

3　《普通高中英语课程标准（2017年版2020年修订）》，人民教育出版社，2020，第18、19页。

4　《普通高中思想政治课程标准（2017年版2020年修订）》，人民教育出版社，2020，第24页。

以袁隆平为代表的农业科学家在保障国家粮食安全方面的贡献，发展跨学科素养。

▶▶ 教学策略

本课设置"粮食问题，亟待解决""大地之子，奋勇出征""民殷国富，惠泽天下"三个篇章突破主题。

地理与思想政治学科合作，通过海水稻案例分析保障粮食安全的措施，引导学生树立粮食安全意识，践行总体国家安全观。

英语学科授课，通过访谈语篇材料，概括人们对袁隆平的评价，理解以袁隆平为代表的农业科学家对我国及全球农业发展的贡献。

思想政治学科授课，通过布隆迪农业示范中心项目，帮助学生从国际视野体会中国对国际粮食安全的贡献，引导学生做人类命运共同体理念的践行者。

三科围绕"造福全球甘奉献　追求不懈看隆平"自然衔接，融会贯通，从土地盐碱化造成的粮食减产问题入手，引导学生深入分析应对措施，了解人们对袁隆平的评价，理解以袁隆平为代表的农业科学家对国内外农业发展的贡献，以及世界粮食安全、粮农领域国际合作的意义。

▶▶ 教学重难点

重点：我国粮食生产的资源基础及耕地保护对粮食安全的重要性。

难点：培育科学精神、公共参与意识。

▶▶ 教学设计

课堂导入 🔗

2021 年 10 月，喀什海水稻丰收的新闻频上热搜。在我们的印象中，水稻是种在淡水中的。中国面积广阔，为什么要在盐碱地里种水稻？带着这个问题，我们一起进入今天的课堂学习。

【设计意图】

教师通过新闻播报，引导学生认识海水稻的生长环境，使学生产生认知冲突，激发学生的学习动机。

教学过程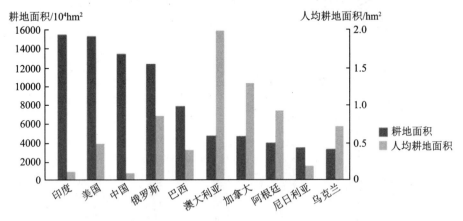

篇章一 粮食问题，亟待解决

【情境创设】

材料1 我国耕地资源状况相关图。[1]

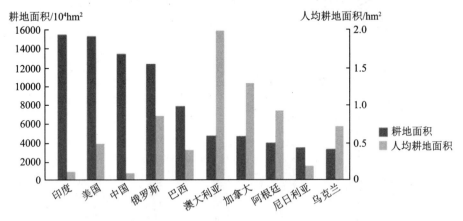

世界耕地面积前十位国家的耕地面积及人均耕地面积

图例：
■ 耕地面积
□ 人均耕地面积

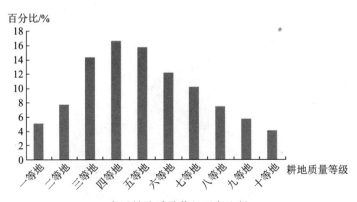

中国耕地质量等级面积比例

1 《普通高中教科书 地理 选择性必修3 资源、环境与国家安全》，山东教育出版社，2020，
第25—27页。

造福全球甘奉献 追求不懈看隆平

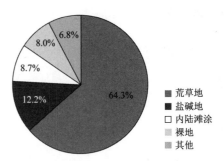

中国耕地资源的分布　　　　　中国耕地后备资源的构成

材料2 我国耕地资源开发利用现状相关图。[1]

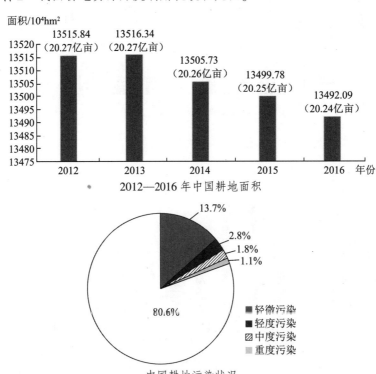

2012—2016年中国耕地面积

中国耕地污染状况

材料3 中国盐渍土覆盖面积广泛，类型多样。据最新研究，现代盐渍化土壤面积约3693.3万公顷，残余盐渍化土壤约4486.7万公顷，潜在盐渍化土壤为1733.3万公顷，各类盐碱地面积总计9913.3万公顷，且每年盐碱化和次

────────────

1　《普通高中教科书　地理　选择性必修3　资源、环境与国家安全》，山东教育出版社，2020，第28—29页。

生盐碱化土壤都在不断增加。[1]

【任务驱动】

围绕"粮食问题，亟待解决"的核心任务，设置以下问题链：

1. 读材料1，从数量、质量、空间分布、后备资源等方面简述我国耕地资源的特点。

2. 读材料2、材料3，分析我国耕地资源开发利用现状。

【学生探究】

1. 学生分组合作探讨，归纳中国耕地资源的特征。

要点：耕地总量多，人均占有量少；耕地总体质量不高，优质耕地少；耕地分布不均，东部多西部少；耕地后备资源不足，开发难度大。

2. 学生分组合作探讨，归纳我国耕地资源开发利用现状。

要点：耕地总量呈减少趋势，耕地质量呈下降趋势。

【设计意图】

教师引导学生通过统计图、地图、文字叙述等细化问题，探究我国耕地资源的特征及耕地资源开发利用现状，培养学生读图及提取关键信息的能力，提升学生区域认知、综合思维核心素养。

过渡语：2012年到2022年这十年间，全国规模化产业化推广海水稻。海水稻种植推广是如何关联我国耕地资源问题的？

材料4 水稻是一种对盐中度敏感的植物，在盐胁迫下生长受到抑制，往往表现为叶片枯死、分蘖减少、不抽穗、育性差和千粒重低等症状，严重的甚至植株死亡或完全绝收，从而影响产量。[2]

材料5 这几天，位于新疆喀什地区耐盐碱海水稻实验基地的海水稻正式开镰收割，今年海水稻亩产达到575.3公斤。海水稻也称耐盐碱水稻。2018年，袁隆平院士青岛海水稻研发中心将新疆喀什作为中国首批盐碱地稻作改良实验基地之一，进行海水稻种植试验。经过三年多的时间，曾经的不毛之地变成了现在的良田，稻作改良盐碱地试验成效显著。[3]

【任务驱动】

围绕"提高粮食产量，保障国家粮食安全"的核心任务，设置以下问题链：

1. 根据材料4、材料5，结合所学知识，分析推广种植海水稻如何能保障

---

1 万吉丽、刘佳音、张国栋等：《袁隆平与海水稻》，《杂交水稻》2022年纪念袁隆平院士专刊。

2 万吉丽、刘佳音、张国栋等：《袁隆平与海水稻》，《杂交水稻》2022年纪念袁隆平院士专刊。

3 《新疆喀什：耐盐碱海水稻获丰收 亩产超千斤》，https://sannong.cctv.com/2021/10/11/ARTIO8JPTqbXmWpzICDZVNlS211011.shtml，访问日期：2024年3月20日。

我国粮食生产安全。

2. 根据材料 5，结合所学知识，分析保障粮食安全的措施。

【学生探究】

1. 学生分组合作探究，归纳措施。

要点：发展科技，培育耐盐碱品种，增加粮食产量；在盐碱地种植海水稻改造中低产田，提升地力，落实"藏粮于地、藏粮于技"的战略。

2. 学生调动思想政治知识，从国家及公民层面进行概括总结。

国家层面：大力发展科技，转变农业发展方式，推动农业高质量发展；充分发挥市场在资源配置中的决定性作用，注重发挥政府的调节作用，助力农业发展。

公民层面：不断提高自身科学文化修养，树立粮食安全意识，积极承担社会责任。

【设计意图】

教师引导学生通过阅读材料了解中国盐碱地的基本特征。从增加粮食总产量的角度，分析海水稻保障粮食安全的方式，培养学生综合思维与地理实践核心素养，使学生树立粮食安全意识，增强社会责任感。

> 篇章二　　大地之子，奋勇出征

【情境创设】

材料 6　Look at the pictures and answer questions.

Picture 1 [1]

Picture 2 [2]

材料 7　The evaluation of his achievement.

Editor's note：The passing away of Yuan Longping, the "father of hybrid rice",

---

1　Yuan Longping checks super hybrid rice in Chengdu, Southwest China's Sichuan province, on Sept 2, 2012. [Photo by Niu Shupei/For chinadaily.com.cn]

2　Yuan Longping selects rice seedlings at a pilot base in Qingdao, East China's Shandong province, on May 28, 2018. [Photo by Zhang Jin/For china daily.com.cn]

has reminded the Chinese people his great contribution to China and even the world's food security. Fan Shenggen, chair professor at China Agricultural University, and former director-general of the International Food Policy Research Institute, shares his views with China Daily's Sun Xiaoyu on how to further safeguard food security and reduce poverty. Excerpts follow:

Q: How do you evaluate the achievement of Yuan in safeguarding China's food security and his contribution to the global fight against starvation?

A: Professor Yuan is one of the most important agricultural scientists who was committed his whole life in developing high-yielding hybrid rice. Due to his and many other scientists' work, China's rice production has increased significantly, helping maintaining China's self-sufficiency rate of cereal grains. Due to the increased rice yield (production per unit of land), land area can be saved for other uses, water and carbon emissions per unit of rice output has also been reduced. Farmers benefited from more rice output and consumers benefited from lower rice price. Professor Yuan's hybrid rice production technology has also been adopted in Africa and South Asia, contributing to global food security and poverty reduction.

【任务驱动】
围绕"大地之子，奋勇出征"的核心任务，设置以下问题链：

1. Look at the pictures and guess who he is and what he is doing? Why he is still working on agriculture in his old age?

2. Read the material, summarize the impact of his contributions on China and the whole world.

【学生探究】

1. 学生看图，探讨图中信息，进行总结。

These two pictures showed Yuan Longping committed himself to researching the super hybrid rice. The reason why he is working on agriculture in his old age is that his persistence and devotion.

2. 学生阅读访谈材料，小组讨论，找出材料中的关键语句，提炼总结。

Achieving food security both at home and abroad. For example, Professor Yuan's hybrid rice production technology has also been adopted in Africa and South Asia, contributing to global food security and poverty reduction.

【设计意图】

访谈是真实的语篇材料。教师通过访谈引导学生理解以袁隆平为代表的农业科学家对我国及全球农业发展的贡献和人们对他的评价，体会袁隆平"造福全球甘奉献"的家国情怀。

篇章三　　民殷国富，惠泽天下

【情境创设】

材料 8　中国开展对外援助 70 多年来，已向 160 多个发展中国家提供数千个成套和物资援助项目，开展上万个技术合作和人力资源开发合作项目，培训各类人员 40 多万人次。

党的十八大以来，构建人类命运共同体、共建"一带一路"、全球发展倡议等重大理念和倡议的提出，为推动世界公平、包容、可持续发展贡献中国智慧、提出中国方案、注入中国力量。随着中国综合国力和国际地位日渐提升，中国对外合作、对外援助工作正多角度、全方位地展现大党大国担当。[1]

材料 9　粮食关乎民生命脉，确保粮食安全是布隆迪国家发展的基础，也是布隆迪最迫切的需求之一。中布在农业领域合作多年，成果显著。在中国多名援布农业专家的帮助下，中国杂交水稻技术帮助布多地水稻获得高产。[2]

【任务驱动】

围绕"民殷国富，惠泽天下"的核心任务，设置以下问题：

结合材料，运用国际政治与经济知识分析中国做法的依据及意义。

【学生探究】

学生从我国的外交政策入手，分析中国做法的依据及意义，结合思想政治教师的引导进行总结。

依据：我国的国家性质和国家利益决定了我国奉行独立自主的和平外交政策。国家利益与国家实力决定国际关系，国家间共同利益是国际合作的基础。在粮食安全方面，中国与布隆迪休戚与共，因此要不断深化粮农领域国际合作。

意义：我国努力构建粮食对外开放新格局，与世界各国一道，加强合作，共同发展，为维护世界粮食安全不懈奋斗，为推动构建人类命运共同体作出杰出的贡献，彰显了大国担当。

【设计意图】

教师引导学生通过分析材料体会中国在国际舞台上的行动与做法，增强学

1　吴娜：《中国对外援助谱写友谊乐章》，《北京日报》2022 年 9 月 14 日。

2　《总统点赞，这个中国援建项目将助布隆迪农业腾飞》，https://baijiahao.baidu.com/s?id=1681937869875197091&wfr=spider&for=pc，访问日期：2024 年 3 月 20 日。

生的国家认同感和家国情怀，推动学生树立人类命运共同体意识，促使学生学会做人做事，成长为有文明素养和社会责任感的人。

▶▶ 课堂小结

本课通过我国耕地资源状况相关图，使学生了解我国耕地面积减少、盐碱地面积增加的问题，引导学生在分析我国新疆喀什地区耐盐碱海水稻实验的成功的基础上掌握保障粮食安全的具体措施。通过阅读访谈材料，使学生了解袁隆平院士的贡献，体会他的家国情怀。通过观看我国综合国力增强后，援助非洲布隆迪农业示范中心项目的视频，使学生树立粮食安全意识，理解粮农领域国际合作的意义。

期待通过本课的学习，学生都能做人类命运共同体理念的践行者、传播者。

反思感悟

跨学科主题教学首先要确定一个明确的主题。主题就是要重点解决的问题，也就是相关学科内容的聚焦点。主题可以将各学科进行横向联系，引导学生较好地形成相关学科的核心素养。本课的基本思路是从上位概念中寻找主题。上位概念具有很强的统摄性，具有跨学科的特质。

大主题与学科主题统一。本课主题明确。第一，通过图表解释中国耕地资源的分布，说明其开发利用现状，以及耕地保护与粮食安全的关系。第二，通过语篇介绍以袁隆平为代表的农业科学家对我国及全球农业发展的贡献。

问题链与材料统一。跨学科主题教学要做到问题链设计与情境材料有机统一。例如，篇章一中，学生通过读图概括我国粮食生产所面临的安全问题，再通过海水稻成功案例，概括我国运用科技保障粮食安全的措施。从提出问题到解决问题，逻辑清晰。

需要注意的是，教师应当转变教学理念。跨学科主题教学一定要从以记忆知识为中心转向以提升学科核心素养为中心。教师要搭建学习框架，让学生知道自己该学什么，学到什么程度，还要根据学生完成任务的情况，及时反馈。

专家点评

本课主题重大，涉及我国粮食安全及应对措施，指向引导学生树立正确的世界观、人生观和价值观，理解我国独立自主的和平外交政策，认识构建人类命运共同体的意义。本课以地理、英语、思想政治三科融合的方式设计与开展教学：首先，由耕地资源问题引出应对措施，通过海水稻案例概括我国运用科技保障粮食安全的措施；其次，通过阅读访谈文本，理解以袁隆平为代表的农业科学家对我国及全球农业发展的贡献；最后，通过援助布隆迪农业示范中心项目，帮助学生透过国际视野体会中国对国际粮食安全的贡献，理解中国不断深化粮农领域国际合作的意义。本课整合聚焦三门学科的核心素养，以实现传导课程标准要求的核心价值的教学目的。

找到跨学科主题教学的视角是至关重要的。从跨学科主题教学的角度来看，袁隆平的贡献非常突出。他的研究涉及生物学、农学、遗传学等多个领域，体现了科学研究的跨学科性。教师应当选择适合的学科进行融合，聚焦整合学科核心素养，最终找到突破点。本课将粮食安全问题与袁隆平对国内外的贡献相结合，引导学生体会我国在综合国力不断增强的同时"惠泽天下"，帮助学生从人类命运共同体的角度理解粮食问题及农业发展的问题。有待斟酌之处就是英语材料需要精简适切，更加典型，思想政治学科设置的问题需要明确具体，不含糊重复。

总之，这种跨学科研究方法不仅可以帮助学生更好地理解科学知识的内在联系，也可以激发学生的创新思维，提高学生解决问题的能力。

（点评人：唐琴，正高级教师、特级教师）

行星运动　逐梦苍穹[1]

▶ 课程标准

1. 通过史实，了解万有引力定律的发现过程；知道万有引力定律；认识发现万有引力定律的重要意义；认识科学定律对人类探索未知世界的作用；会计算人造地球卫星的环绕速度。[2]（物理）

2. 能够认识劳动人民的生产实践对推动科学技术发展的重要作用，理解人民群众是历史的创造者。[3]（历史）

▶ 教学立意

科学是在不断发展的。我们要理解以钱学森为代表的科学家为国家航空事业的发展作出伟大贡献，体现了新中国自力更生、艰苦奋斗的时代精神。在探究科学的同时，要充满人文情怀并关注现实问题，以服务于国家强盛、民族自强和人类社会进步为使命。

▶ 学习目标

1. 回顾人类探究行星运动的历史，掌握万有引力定律的概念，会运用万有引力定律与动力学解决天体运行问题，了解航天器发射、导航和控制的原理。

2. 通过分析科学家所处的时代，分析物理观念形成的原因，认识到科学理论既是相对稳定的，又是不断发展的。

3. 了解钱学森回国的历史背景，了解"两弹一星"探索所体现的时代精神，赋予科学研究以人文情愫。

▶ 教学策略

本课设置"理论——行星运动的研究者""应用——探索宇宙的中国实践者"两个篇章突破主题。

物理与历史学科合作，通过行星运动理论代表人物的观点，分析历代科学家所处的时代，分析其物理观念形成的原因，并认识到科学理论是相对稳定的，也是不断发展的；通过计算人造地球卫星的第一宇宙发射速度与卫星变轨

1　设计者：戚雨佳，可克达拉市镇江高级中学物理教师；严龙梅，可克达拉市镇江高级中学历史教师（江苏省镇江第一中学援疆教师），正高级教师，江苏省教学名师。

2　《普通高中物理课程标准（2017年版2020年修订）》，人民教育出版社，2020，第15—16页。

3　《普通高中历史课程标准（2017年版2020年修订）》，人民教育出版社，2020，第33页。

问题，加深学生对航天器发射、导航和控制原理的认识，引导学生了解我国航天事业的发展历程、我国科技成就的发展，培育学生爱国爱家乡的情感，促使学生践行社会主义核心价值观。

物理和历史两科围绕"行星运动　逐梦苍穹"自然衔接，融会贯通，促使学生深入学习行星的运动，认识中国航天事业的发展对中华民族伟大复兴的重要意义。

▶▶ 教学重难点

重点：万有引力定律的应用。

难点：以钱学森为代表的老一辈知识分子对祖国和人民的深情大爱。

▶▶ 教学设计

课堂导入 🔗

观看视频，体会行星运动的魅力。

材料1　视频《我国科研人员发现宇宙中最古老恒星遗迹》。[1]

【设计意图】

教师利用我国科研人员发现宇宙中最古老的恒星遗迹的视频激发学生的学习兴趣，引出人类对行星运动的研究历史。

教学过程 ⚙️

篇章一　　理论——行星运动的研究者

【情境创设】

材料2　研究行星运动的代表人物。

托勒密（约90—168）　　　　哥白尼（1473—1543）　　　　第谷（1546—1601）

1　《我国科研人员发现宇宙中最古老恒星遗迹》，https：//tv.cctv.com/2023/06/08/VIDEhxmHGm-LlRFPkJws8TJnu230608.shtml，访问日期：2024年3月20日。

开普勒（1571—1630）　　牛顿（1643—1727）　　卡文迪许（1731—1810）

【任务驱动】

围绕"行星运动的研究者"的核心任务，设置以下问题链：

1. 根据材料 2 中六位代表人物对行星运动研究作出的贡献，填出时间轴上的信息。

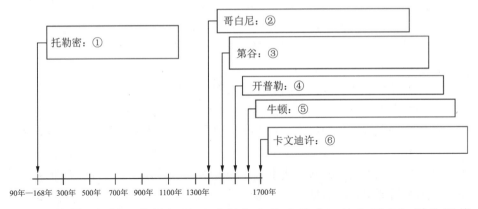

2. 结合时间轴，分析行星运动研究有什么特点。结合历史知识分析其原因。

【学生探究】

1. 学生通过回顾代表人物对行星运动的研究，相互补充，梳理概括。

① "地心说"的集大成者；② "日心说"的提出者；③ 星象观测的精确严密在当时达到前所未有的程度，其编纂的星表的数据甚至已接近肉眼分辨的极限；④ 提出开普勒三定律；⑤ 发现万有引力定律；⑥ 利用扭秤实验测出万有引力定律的常数数值。

行星运动　逐梦苍穹

2. 学生从时间轴入手处理信息，调动传统科学与近代科学的历史知识，分阶段整合其特点，分析其社会原因。

特点：公元 2 世纪至 14 世纪，在托勒密提出"地心说"后的 1300 余年，行星运动研究无突破性成果；15—18 世纪，行星运动研究的突破性成果层出不穷。

原因：公元 2—14 世纪，社会生产力相对落后；受到封君封臣制、封建等级制度、教权主义的压制；受到中世纪宗教神学的束缚。

15—18 世纪，经济方面，资本主义经济萌芽并发展，推动新航路开辟；欧洲殖民扩张进一步促进了资本主义发展，打破了世界各地区相对隔绝的状态，世界市场初步形成。政治方面，日益壮大的资产阶级迫切要求摆脱封建专制统治和等级制度的束缚，英、法、美等国纷纷爆发资产阶级革命；英国确立君主立宪制，美国和法国确立民主共和制。文化方面，文艺复兴在一定程度上冲击了封建秩序，解放了长期被宗教戒律压抑和禁锢的人性，使人们更多关注人本身与现实世界；宗教改革进一步解放了人们的思想，传播和发展了人文主义，有利于欧洲资本主义的成长，推动了欧洲民族国家和文化教育事业的发展；近代科学革命兴起，促进了思想解放和社会进步；启蒙运动进一步解放了人们的思想，为资本主义制度建立做了理论准备和舆论宣传。

【设计意图】

教师引导学生回顾天体运动理论的发展，使学生了解奴隶社会、封建社会的人们如何探索自然。学生可以把具有关联性的内容整合起来，对人们研究宇宙的进程有一个系统性的认识，意识到世界是可以被认识的，科学适用于解释和预测，并且了解所有科学结论都存在普遍的科学原则。教师激励学生勇于发表自己的见解，不迷信权威，实事求是，善于从不同的角度进行思考推论，能基于证据逻辑证明自己的见解和思维。

通过对行星运动研究时间及其观点信息的解读、归类，教师引导学生把特定的历史人物、观点放入特定时空，使学生在历史叙述中将史实描述与历史解释结合起来，尝试从历史的角度做出自己的判断和解释。

【情境创设】

材料3　人物纪录片《钱学森》片段。[1]

纪录片截图

材料4　关于55颗北斗导航卫星发射的视频。[2]

材料5　关于"嫦娥三号"变轨的视频。[3]

材料6　20世纪40年代末，正是美国空军"核轰炸万能"口号喊得最响亮的时代。因此，1950年6月朝鲜战争刚刚爆发，联合国军总司令麦克阿瑟就力主使用原子弹。1950年7月中旬，他在与美国陆军参谋长柯林斯举行会谈时，建议用原子弹摧毁连接朝鲜半岛同中国东北和符拉迪沃斯托克的桥梁与隧道。为威慑苏联，10架携带核炸弹的B-29轰炸机也在1950年7月底进驻关岛基地。

1950年10月，中国人民志愿军赴朝参战，美国的核威胁随即指向中国。[4]

材料7　1958年，我国科学家提出研制人造地球卫星的建议。这年5月17日，毛泽东在党的八大二次会议上，提出"我们也要搞人造卫星"的号召。中央决定以中国科学院为主组建专门的研究、设计机构，拨出专款，研制人造

1　《钱学森》，https：∥tv.cctv.com/2012/12/15/VIDA1355584762300647.shtml？spm＝C55924871139.PGHhECZjcTkS.0.0，访问日期：2024年3月20日。

2　《20年，55颗，全程回顾北斗导航卫星发射瞬间》，https：∥www.bilibili.com/video/BV1ZZ4y1T7rd/？spm_id_from＝333.337.search-card.all.click，访问日期：2024年3月20日。

3　《"嫦娥三号"成功实施环月变轨控制》，https：∥tv.cctv.com/2013/12/11/VIDE1386757085032980.shtml，访问日期：2024年3月20日。

4　晨阳：《美国曾三次对华"核讹诈"》，《环球时报》2021年5月26日。

地球卫星，代号为"581"任务。[1]

材料8 到1948年，祖国的解放事业胜利在望。钱学森看到了国家的希望，开始准备归国。为此他首先要求退出美国国防部空军科学咨询团，但他的这个要求直到1949年才得以实现。

美国国防部认为钱学森太有价值了，他们要插手此事，不能让司法部和移民局以任何名义放钱学森回共产党的中国。美国五角大楼（国防部）海军部副部长金贝尔（Dan A. Kimbeel）在获知钱学森要离美回国以后，立即给司法部打电话说："无论如何都不要让钱学森回国。他太有价值了，在任何情况下都抵得上3~5个师的兵力。我宁可毙了他，也不要放他回共产党中国。"

此后，莫须有的罪名接踵而至：海关扣押了钱学森的所有行李，诬蔑他企图携带"机密资料"出境，触犯了《出口控制法》，勒令他"不准离境"。钱学森声明，所有带机密性质的东西都锁在办公室的保险柜里，钥匙已交给克拉克·米尼肯（Clark Millikan）。他带走的都是个人物品，包括他的笔记本、讲义手稿、公开资料等。所谓带机密性质的蓝图和密码本，只不过是他手稿中的草图和对数表。但这无济于事，司法部还是签署了逮捕钱学森的命令。

他作为要犯，被关在单人牢房，不准与别人接触，不准说话。监狱里空气浑浊，伙食极差。更令人不能忍受的是，夜间每隔10分钟，狱警会啪的一声把电灯打开，察看他是否确在，弄得他整夜整夜不能入眠。15天的时间，他的体重减轻了30磅。[2]

【任务驱动】

围绕"探索宇宙的中国实践者"的核心任务，设置以下问题链：

1. 结合材料3，指出我国航天事业在发展初期遇到了哪些困境，为突破这些困境，钱学森采取了哪些措施。结合表格梳理我国航天事业的发展历程，并分析成就取得的原因。

时间	成就
1956年10月8日	钱学森受命组建的中国第一个火箭、导弹研究机构成立，1956年也被认为是中国导弹梦、航天梦的元年
1970年4月24日	①

1　王素莉：《"两弹一星"的战略决策与历史经验》，《中共党史研究》2001年第4期。
2　涂元季：《钱学森》，贵州人民出版社，2004，第31—35页。

时 间	成 就
1984 年 4 月 8 日	中国第一颗地球静止轨道通信卫星发射成功
1986 年 2 月 1 日	中国发射"东方红二号"实用通信广播卫星
1988 年 9 月 7 日	②
2003 年	③
2007 年	嫦娥奔月再也不是幻想,"嫦娥一号"用相机掀开了月球表面神秘的面纱
2008 年	④
2012 年	"神舟九号"与"天宫一号"实现载人"太空之吻"
2013 年	⑤
2016 年	自 2016 年起,每年 4 月 24 日为"中国航天日"
2019 年	新一代固体运载火箭"长征十一号"首次完成海上发射
2020 年	7 月,火星探测器"天问一号"发射升空,中国迈出自主开展行星探测的第一步。11 月, ⑥
2021 年 6 月 17 日 9 时 22 分	长征二号 F 遥十二运载火箭托举"神舟十二号"载人飞船,拖曳着红色尾焰升空。"最强双十二"联手,将聂海胜、刘伯明、汤洪波三名航天员送入太空

2. 梳理表格,结合材料 4,分析发射一个物体使其绕地球做匀速圆周运动的发射速度。

3. 结合材料 5,已知月球半径为 R,月球表面的重力加速度为 g_0,飞船在绕月球的圆形轨道 I 上运动,轨道半径为 r, $r = 4R$,到达轨道 I 的 A 点时点火变轨进入椭圆轨道 II,到达轨道 II 的近月点 B 时再次点火,进入近月轨道 III 绕月球做圆周运动,且引力常量为 G,求:

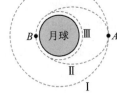

(1) 第一次点火和第二次点火分别是加速还是减速?

(2) 飞船在轨道 I 上的运行速率。

(3) 飞船在轨道 II 上的运行周期。

4. 依据以上材料,结合所学知识,以"新中国的国家记忆"为题进行表述。(要求:体现国家意义,观点正确,史论结合,逻辑严谨。)

【学生探究】

1. 学生在教师的引导下合作探究，概括总结。

困境：刚刚成立的新中国，科技力量和经济力量都还很薄弱，发展新型武器看似遥遥无期。

措施：钱学森带回许多新型科研领域的学术书籍，包括他在美国出版的《工程控制论》和《物理力学讲义》。"通过工程控制协调的方法，即使用不太可靠的元器件，也可以组成一个可靠的系统"成为总体设计的指导思想。钱学森提出《建立我国国防航空工业的意见书》，领导组建了中国第一个火箭、导弹研究机构，主持了喷气和火箭技术的建立规划，帮助新中国建设出一套完整的科学研究体系。设定好研发路线与方向后，钱学森开始带领团队研制中近程导弹和我国第一颗人造卫星，随后参与到我国的核能研究中。在钱学森的努力和带领下，我国的导弹、原子弹、卫星先后研发成功。

我国航天事业的发展历程：①"东方红一号"人造地球卫星发射成功；②发射试验性气象卫星"风云一号"；③"神舟五号"搭载首位中国航天员杨利伟前往太空；④"神舟七号"搭载三名宇航员进入太空，翟志刚完成首次出舱行走；⑤"嫦娥三号"成为中国第一个月球软着陆的无人登月探测器；⑥"长征五号"成功将"嫦娥五号"送入地月转移轨道，开启中国首次地外天体采样返回之旅。

原因：社会主义制度的优越性，集中力量办大事；新中国成立后党和政府的投入与支持；以钱学森为代表的科学家、技术人员刻苦攻关，团结协作，不断创新；科教兴国战略和人才强国战略的实施。

2. 学生提取模型，应用万有引力定律进行计算。

在简化之后，物体只受到指向地心的引力的作用，物体绕地球的运动可被视作匀速圆周运动。设地球的质量为 M，物体的质量为 m，速度为 v，到地心的距离为 r。万有引力提供物体运动所需的向心力。

$$G\frac{Mm}{R^2} = m\frac{v^2}{R} \quad v = \sqrt{\frac{GM}{R}}$$

由此得出

$$v = \sqrt{\frac{GM}{R}} = \sqrt{\frac{6.67 \times 10^{-11} \times 5.98 \times 10^{24}}{6.40 \times 10^6}} \, \text{m/s} = 7.9 \text{km/s}$$

3. 学生应用万有引力定律及向心力相关概念进行整理、计算。

（1）由高轨道到低轨道，半径减小，飞船做近心运动，所需的向心力小于万有引力，故要减速才可实现，即第一次点火与第二次点火都是减速。

（2）由题意可知，轨道 I 的半径为 $4R$，设飞船的质量为 m，月球的质量为 M，飞船在轨道 I 上的运行速率为 v，由万有引力提供向心力有

$$G\frac{Mm}{(4R)^2}=m\frac{v^2}{4R}$$

假设在月球表面有一个质量为 m' 的物体，根据月球表面物体的重力近似等于物体受到的月球的引力，则

$$m'g_0=G\frac{Mm'}{R^2}$$

联立可得

$$v=\frac{\sqrt{g_0R}}{2}$$

（3）由题意可知，轨道 III 的半径为 R，设飞船在轨道 III 上的运行周期为 T，根据万有引力提供向心力有

$$G\frac{Mm}{R^2}=m\frac{4\pi^2}{T^2}R$$

又因为

$$m'g_0=G\frac{Mm'}{R^2}$$

可得

$$T=2\pi\sqrt{\frac{R}{g_0}}$$

由开普勒第三定律有

$$\frac{R_{II}^3}{R^3}=\frac{T_{II}^2}{T^2}$$

又有

$$R_{II}=\frac{r+R}{2}=\frac{5}{2}R$$

解得

$$T_{II}=\frac{5\sqrt{10}}{2}\pi\sqrt{\frac{R}{g_0}}$$

4. 学生在历史教师的引导下分析新中国成立后政治、经济、文化、科技等方面的发展特征，围绕"国家记忆"组织史实，提炼观点，合作论述。

示例：以钱学森为代表的知识分子对"两弹一星"的探索彰显了新中国筚路蓝缕、披荆斩棘的奋斗记忆。

论述：1956年，新中国在中国共产党的领导下完成了"三大改造"，社会主义制度初步建立，实现了中国历史上最深刻的社会变革，为当代中国的一切发展和进步奠定了制度基础。20世纪60年代，两极对峙和大国强权政治造成国际局势紧张动荡。为应对核威慑，中国1964年成功爆炸原子弹，1967年成功爆炸氢弹。1970年，中国第一颗人造地球卫星"东方红一号"成功发射。"两弹一星"的成功试制离不开集中力量办大事的制度优势，它维护了国家安全，提升了中国的国际地位，提振了民族自信，在新中国的科技史上具有开创性和奠基性的意义。在"两弹一星"的研制过程中，涌现出以钱学森为代表的一大批爱国知识分子，体现了新中国自力更生、艰苦奋斗的时代精神。

综上，"两弹一星"的成功研制展现了中国式现代化的伟大成就，推动了中华民族的伟大复兴，铭刻着新中国的奋斗记忆。

【设计意图】

教师通过纪录片视频引导学生了解新中国成立初期我国航天科技领域的困境，通过梳理、回顾我国航天事业的发展历程引导学生重视史料的搜集、整理和辨析，建构事件发展的纵向体系。

教师通过北斗卫星发射视频，引导学生探究第一宇宙发射速度，内化学生有关宇宙航行的知识，发展学生根据一般的原理进行推导的能力。

教师通过"嫦娥三号"变轨视频引导学生探究卫星变轨的变化速度及环绕周期，应用所学知识解决实际问题，激发学生的好奇心与求知欲。

教师引导学生充分占有各类史料，在独立探究历史问题时结合所学知识，尝试提出自己的解释；同时，引导学生深入分析钱学森回国前的国内外背景，理解老一辈知识分子对祖国和人民的深情大爱，促使学生主动担当祖国繁荣、民族自强的社会责任和历史使命，培育学生积极的人生态度，帮助学生树立正确的世界观、人生观和价值观。

▶▶ **课堂小结**

国际理论方面：本课梳理出六位研究行星运动的代表人物，分析了行星理论分布的时空特点，归纳了人类认识天体运动的基本过程，引导学生理解人类对自然界的探索是不断深入的，认识到一定时期的科学是此时期经济发展、政治演进、思想解放的综合反映。

中国实践方面：钱学森回国后，成立力学研究所，制定十二年科技规划，填补国内诸多科研领域的空白，开创我国火箭导弹事业。在党和国家的领导下，中国航天技术已处于世界领先水平，并不断取得突破与进步。这一切，都是中国式现代化的伟大成就，推动着中华民族的伟大复兴。这一切，也使我们心潮澎湃，不禁想起1956年9月11日钱学森写给郭永怀的信。他在信中说道："我们一年来是生活在最愉快的生活中，每一天都被美好的前景所鼓舞，我们想你们也必定会有一样的经验。今天是足踏祖国土地的头一天，也就是快乐生活的头一天，忘记那黑暗的美国吧！"老一辈知识分子对祖国和人民的深情大爱跃然纸上。这一切都是新中国筚路蓝缕、披荆斩棘的奋斗记忆。

反思感悟

跨学科主题教学要求教师拓宽教学视野，脱离学科束缚，更新教学观念，打破思维定式。教师需要在熟悉本学科的教材及核心素养的基础上，关注其他学科与本学科的内在联系，找到切入点，抓住重点，精选材料。

首先，考虑学科融合的特点，扩大物理的教学范围，着眼于大单元，从代表人物对行星运动的研究推广到从古至今人类对宇宙航行发展的研究，从单纯地应用万有引力定律延伸到我国航天事业的发展，更好地实现了学科融合。其次，问题的设置注重逻辑性与衔接性。物理学科与历史学科在知识点的衔接上跨度很大，所以除了教材提供的材料以外，我们还选取了视频等辅助资料，创设多元情境。物理学科引用视频解决教学重点，历史学科选取史料突破教学难点。最后，选取合适的代表人物连接物理与历史，培养学生爱国爱家的情感。

跨学科主题教学不仅要求教师充分掌握自身学科的知识点，还要求教师多与其他学科教师进行交流。这便于教师在平时的教学中寻找不同的角度、方法突破教学重难点，同时有助于学生核心素养的培养。

专家点评

随着科技的快速发展和社会的不断进步，跨学科主题教学变得越来越重要。这种教学方式旨在打破学科之间的壁垒，培养更具创新能力的高素质人才。

一是整合必备知识体系。跨学科主题教学的核心是将不同学科的知识和技能整合在一起，以形成更加全面的知识体系。物理与历史的整合不仅有助于学生更好地理解学科之间的联系，还能够激发学生的思维和想象力。通过跨学科主题学习，学生能够系统性、多角度、全方位地看问题，提高综合分析的能力、关联问题的能力。

二是增强问题解决能力。跨学科主题教学能够增强学生的问题解决能力。在融合了不同学科知识和技能的课堂中，学生需要运用逻辑思维和问题分析能力来解决实际问题。通过学习和实践，学生能够更好地理解和掌握各学科的知识和技能，并将其应用于实际问题的解决。这不仅能够提高学生的综合分析能力，还能够培养学生的创新思维和实践能力。

三是提升综合学习兴趣。跨学科主题教学能够增强学生的学习兴趣和学习动力。与传统教学方式相比，跨学科主题教学更加注重学生的主动性和参与性。通过将不同学科的知识和技能融合在一起，能够让学生更加深入地了解各学科的内在联系和应用价值。这不仅能够增强学生的学习兴趣，还能够培养学生的自主学习能力和探索精神。

　　总之，跨学科主题教学是一种创新且有效的教学方法，在整合不同学科的知识和技能、培养学生的问题解决能力、提升学生的学习兴趣等方面具有显著优势。在未来的教育实践中，我们应该更加注重跨学科主题教学的设计和实施，助力学生素养全面发展。

（点评人：朱春晓，正高级教师、特级教师）

国风何以成潮——正确认识中华优秀传统文化[1]

▶▶ **课程标准**

1. 辩证地看待传统文化，领会对中华优秀传统文化进行创造性转化、创新性发展的重要意义，弘扬民族精神。领悟优秀文化作品的影响力和感召力，展示中国特色社会主义文化自信。[2]（思想政治）

2. 加强理性思考，增进对中华文化核心思想理念和中华人文精神的认识和理解，体会中华文化创造性转化、创新性发展的趋势。注意在生活和跨学科的学习中学语文、用语文，在学习和运用的过程中提高表达、交流能力。[3]（语文）

▶▶ **教学立意**

中华传统文化是中华文化的重要组成部分。正确认识中华传统文化，对当代中国治国理政、增强文化认同和文化自信、铸牢中华民族共同体意识具有突出价值。

▶▶ **学习目标**

1. 了解国潮风物蕴含的中华优秀传统文化元素，体会中华优秀传统文化的特点，挖掘中华优秀传统文化的当代价值；知道中华优秀传统文化的传承路径，领会对中华优秀传统文化进行创造性转化、创新性发展的重要意义。

2. 学习为文艺作品配解说词和写短评，提升审美鉴赏能力和写作能力，提高表达、交流和合作探究能力，增强文化认同和文化自信。

3. 灵活运用语文和思想政治学科的观念、知识与方法，学习写解说词和短评，对中华优秀传统文化的当代价值和传承路径展开持续探究，发展跨学科思维及核心素养。

▶▶ **教学策略**

本课设置"潮起——中华优秀传统文化的主要内容与特点""潮流——中华优秀传统文化的当代价值""潮涨——中华优秀传统文化的传承路径"三个

1　设计者：赵自利，可克达拉市第一高级中学政治教师，兵团第四师可克达拉市学科带头人；陈秀凤，可克达拉市镇江高级中学语文教师（句容市实验高级中学援疆教师）。

2　《普通高中思想政治课程标准（2017年版2020年修订）》，人民教育出版社，2020，第22—23页。

3　《普通高中语文课程标准（2017年版2020年修订）》，人民教育出版社，2020，第27、34页。

篇章突破主题。

语文学科授课,通过解析经典名言警句,引导学生分析其中蕴含的核心思想理念、中华传统美德、中华人文精神等。欣赏舞蹈《唐宫夜宴》,引导学生学习写解说词和短评,提升审美鉴赏和写作能力,初步领会对中华优秀传统文化进行创造性转化、创新性发展的重要意义,感受中华优秀传统文化的价值。

语文和思想政治学科合作,引导学生解读名言警句,结合史实资料分析中华优秀传统文化源远流长、博大精深的原因;引导学生进行小组合作,探究中华优秀传统文化的传承路径,结合语文和思想政治学科的优势加以点拨和升华。

两科围绕"国风何以成潮——正确认识中华优秀传统文化"自然衔接,融会贯通,引导学生深入理解中华优秀传统文化的当代价值,领会对中华优秀传统文化进行创造性转化、创新性发展的重要意义,弘扬民族精神,增强文化自信。

▶▶ **教学重难点**

重点:为文艺作品写短评。

难点:中华优秀传统文化的当代价值。

▶▶ **教学设计**

课堂导入 🔗

材料1

图片:"有间国潮馆"。[1]

甲骨文展示　　　　　　　　　　　　皮影戏

1　图片来源于"多信科技"微信公众号、"中国搜索"百家号、"人民日报"微信公众号。网页链接:https://mp.weixin.qq.com/s/azY7cU3i6s-HBFJyx1QZeA;https://my.mbd.baidu.com/r/12HnvOTRdcs?f=cp&u=da370b5de13cf57c;https://mp.weixin.qq.com/s/L4iVWbnOjOQSDn8ScKoOSw;https://mp.weixin.qq.com/s/Ck2BH1D0xWMySMIc_J7GXg,访问日期:2024年3月20日。

诗情画意　　　　　　　　　　　　　　潮向未来

音乐:《国潮时代》。

国风配电子,确实有点潮。配了图后是不是更潮?同学们,你们还知道哪些国潮风物?这节课让我们共同探讨国风何以成潮。

【设计意图】

教师以学生感兴趣的国潮风物激发学生探究中华优秀传统文化的兴趣,使学生初步领悟中华优秀传统文化的魅力。

教学过程

篇章一　　潮起——中华优秀传统文化的主要内容与特点

【情境创设】

材料2　名言警句。

民为贵,社稷次之,君为轻。(《孟子·尽心下》)

言必诚信,行必忠正。(《孔子家语》)

天行健,君子以自强不息;地势坤,君子以厚德载物。(《周易》)

老吾老,以及人之老;幼吾幼,以及人之幼。(《孟子·梁惠王上》)

君子和而不同,小人同而不和。(《论语·子路》)

各美其美,美人之美,美美与共,天下大同。(费孝通)

材料3　舞蹈《唐宫夜宴》的视频。

【任务驱动】

围绕"中华优秀传统文化的主要内容与特点"的核心任务,设置以下问题链:

1. 结合材料1展现的国潮风物,说说你眼中的国潮是怎样的。依据材料2,思考这些名言警句体现了中华优秀传统文化的哪些内容。

2. 认真观看舞蹈《唐宫夜宴》,为它配上解说词。(要求:贴合画面内容,适当发挥想象;语言尽可能形象生动,注意点出故事的时间、地点、人物、事件。)

3. 为舞蹈《唐宫夜宴》写短评，归纳写法。

4. 概括国潮风物体现了中华优秀传统文化的什么特点。

【学生探究】

1. 学生从国潮风物中概括中华优秀传统文化的表现形式，赏析名言警句，探究其中蕴含的中华优秀传统文化。

中华优秀传统文化的表现形式有诸子百家、诗词曲赋、琴棋书画、民间文艺、中医中药、武术杂技等，其主要内容包括核心思想理念、中华传统美德、中华人文精神等。

2. 学生观看舞蹈视频，尝试配解说词。

示例：作品讲述的是唐高宗和皇后在洛阳上阳宫设宴，十四个体态丰盈的小姑娘打打闹闹、叽叽喳喳地前去表演，途中经历一些趣事。《唐宫夜宴》共分五段。第一段是博物馆中的"定格"。第二段是乐俑"活化"之后在花园中穿行嬉戏。第三段是夜幕降临，少女们路遇一湾湖水，纷纷以水为镜整理起妆容。有的被触动了思乡之情，举起手中的笛子吹奏；有的在舒缓的音乐中恹恹欲睡。第四段是庄严的号角声响起，所有人整装列队步入殿堂，呈现出专业的一面，在夜宴上奉献了一场精妙的演出。第五段，少女们逐渐背向观众，回到一开始的定格造型，重新化作"远去的历史"。

3. 学生参考《人民日报》的范例和语文教材，归纳短评的写作方法。

示例1：戏水、嬉笑，活泼又灵动；奏乐、起舞，磅礴而盛大。植根于中华优秀传统文化的《唐宫夜宴》带给我们一场视听上的饕餮盛宴。《唐宫夜宴》以隋代乐俑为创作灵感，毫无保留地将大唐盛世展现给观众，以文物本身的神秘感、历史感深深吸引着观众。同时，它又加入了现代科技，使沉寂千年的乐俑化静为动，跃然于舞台，将历史文物的魅力与日新月异的时代完美融合，使观众为之着迷、为之动容、为之自豪。

示例2：新旧国潮相互融合成文化史诗，传统文化被点化出全新姿态。《唐宫夜宴》不仅仅是唐朝华美舞乐的再现，更是现代科技赋能的文化传承。婀娜多姿、活灵活现的人物动态传递着独具特色的艺术理念，连贯展示了变换中的宫廷少女的灵动活泼与端庄大气。飞斜红妆，蝴蝶绛唇，传神的眉眼中演绎盛世风华；石榴襦裙，宝相花缀，衣香袂影间尽显飘逸轻盈。结合新元素的配乐，舞蹈时而内敛宁静，时而恢宏壮丽，以活泼的方式呈现了厚重的文化底蕴，让文物的魅力深入大众。穿越古今的中华优秀传统文化需要艺术创作的创新表现，雅俗共赏的文化盛宴由此被呈上荧屏。我们看到的不只有盛世的兴衰，还有繁华灯火散尽后的人文情怀。

写法归纳：了解和准确把握作品的情感、形象、思想内涵、艺术特点等；

善于聚焦，从小处切入，关注细节；叙议结合，有理有据。

4. 思想政治教师引导学生探寻中华优秀传统文化的特点，思考其原因，并实现情感的升华。

特点：源远流长、博大精深。

【设计意图】

语文教师通过分析名言警句蕴含的哲理，让学生体会中华优秀传统文化内涵丰富、形式多样的特点。此外，通过给舞蹈配解说词、写短评，激发学生探究中华优秀传统文化的兴趣，培养学生用心观察和多角度思考问题的习惯，提升学生的审美鉴赏能力与写作能力，引导学生初步领悟中华优秀传统文化的魅力，增强民族自信心。

思想政治教师在学生完成点评的基础上，引导学生发现中华优秀传统文化的特点——源远流长、博大精深。之所以具有这两个特点，正是因为中华文化具有很强的包容性。这有助于学生在品鉴中华优秀传统文化之美中增强文化自信，铸牢中华民族共同体意识，培养并提升学生政治认同、科学精神、公共参与等学科核心素养。

篇章二　　潮流——中华优秀传统文化的当代价值

【情境创设】

材料4　名言警句。

周虽旧邦，其命维新。——《诗经·大雅·文王》

政之所兴在顺民心，政之所废在逆民心。——《管子·牧民》

空谈误国，实干兴邦。——顾炎武《日知录》

绿水青山就是金山银山。——习近平

材料5　2022年北京冬奥会开幕式上的"雪花"。[1]

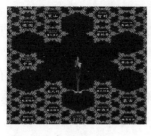

图①　　　　　　　　　　图②　　　　　　　　　　图③

1　图①来自 https://mi.mbd.baidu.com/r/12znCM2NZuM? f=cp&u=1c9fed5ea104788d，图②、图③来自 https://mi.mbd.baidu.com/r/12znpGnGmt2? f=cp&u=53cf9e49c08964f6。访问日期：2024年3月20日。

【任务驱动】

围绕"中华优秀传统文化的当代价值"的核心任务，设置以下问题链：

1. 当代国人为何热衷国潮？

2. 从材料4中你能领会到哪些治国理政的智慧？

3. 2022年北京冬奥会开幕式上的"雪花"传递出中华优秀传统文化什么样的价值追求？对处理国际关系有何启示？

【学生探究】

1. 通过篇章一的听歌、看图、解读，思想政治教师带领学生回归本课主题，引导学生思考、归纳、总结国风何以成潮。

中华优秀传统文化有其自身独特的魅力，既赏心悦目，又可以引人思考。中华优秀传统文化借助文字、文物、音乐、舞蹈，经过国人的创新性解读，焕发出新的生机，同时让国人充满自信和自豪。

中华优秀传统文化是中华民族共同的精神标识，涵养着中华民族共同的价值观。传承和弘扬中华优秀传统文化，能够激发民族自信心和自豪感，促进民族团结，维护国家的安全和统一，铸牢中华民族共同体意识。

2. 语文教师发挥学科优势，带领学生解读名言警句；思想政治教师引导学生从中概括治国理政的智慧。

中华优秀传统文化能为解决当代中国和世界发展的许多问题提供有益借鉴。例如，革故鼎新、与时俱进的思想，脚踏实地、实事求是的思想，惠民利民、安民富民的思想，和而不同、仁者爱人的思想。

3. 学生在思想政治教师的引导下，从处理国际关系的角度探究中华优秀传统文化的当代价值。

中国有"燕山雪花大如席"之说，常以雪寄托纯净的情感，而西方有"全世界没有一片雪花是一样的"之说，用以形容事物的独特之美。北京冬奥会开幕式上，满载温情、各具特色的雪花汇聚到一起，形成一朵巨大的人类的雪花。这将冬奥会的精神提升至人类命运共同体的高度，表达了中国与世界共同发展进步的美好愿望，表现出中国与世界之"和合"。

中华优秀传统文化强调求同存异、和而不同、和平发展，这些思想观念有助于正确认识和处理国际关系，推动建立以合作共赢为核心的新型国际关系，构建人类命运共同体。

【设计意图】

通过视频、图片和文字资料，语文教师引导学生挖掘当代治国理政思想中的传统智慧，思想政治教师引导学生思考中华优秀传统文化对国人的价值、对解决当代中国和世界问题的意义。国风成潮的背后，不仅有中式审美表达水平的提升，而且有国力之潮、国运之潮的支撑。学生能够在品鉴中华优秀传统文化之美中增强文化自信，培育中华民族共同体意识。

【情境创设】

材料6　元宵节只有元宵，端午节只有粽子，中秋节只有月饼……曾几何时，那些具有丰富文化内涵和无限遐想空间的传统节日，在很多大学生的脑海里徒留下美食争芳斗艳。毫无疑问，当下传统节日日渐式微，面临着内忧和外患等多重挑战。[1]

材料7　图片展示。

西湖边的"卖花姑娘"[2]

特克斯不夜城[3]

1　徐川：《传统文化也是信仰》，《中国教育报》2017年4月10日。

2　https://mp.weixin.qq.com/s/04Sx9Pg_rHwkPJO4aToKnA，访问日期：2024年3月20日。

3　图片来自作者现场拍摄。

【任务驱动】

围绕"中华优秀传统文化的传承路径"的核心任务，设置以下问题链：

1. 请以小组为单位，合作探究中华优秀传统文化的传播面临哪些困境。

2. 结合舞蹈《唐宫夜宴》和材料7，从文化传承的角度思考应该如何传承中华优秀传统文化，坚定文化自信。

【学生探究】

1. 学生阅读文字材料，在语文教师的引导下分析中华优秀传统文化在传承过程中面临的困境及产生困境的原因。

困境：中华优秀传统文化在传承过程中出现了传播环境复杂化、传播方式僵硬化、传播力度趋弱化、传播内容碎片化等现象，导致有些人不明白传统文化的精髓是什么，认识流于肤浅。这在一定程度上削弱了中华优秀传统文化的影响力。

原因：传统文化精华与糟粕并存，如果不能正确认识传统文化，就容易受到不良影响。外来文化的冲击、经济利益的影响及时代科技的发展也对中华优秀传统文化的传承产生了影响。

2. 根据材料7，结合对《唐宫夜宴》的欣赏和解读，以小组为单位合作探究中华优秀传统文化的传承路径。

要点：充分利用网络媒体，创新传承方式；重视教育传承，促使中华优秀传统文化走进课堂；开展形式多样的文化活动，提高全民对中华优秀传统文化的兴趣。

【设计意图】

教师引导学生结合文字材料、视频、图片思考中华优秀传统文化传播面临哪些困境，探寻传承中华优秀传统文化的路径。语文教师从外来文化的冲击、经济利益的影响及时代科技的发展等角度，引导学生思考中华优秀传统文化影响力削弱的原因，为接下来思想政治教师寻找传承中华优秀传统文化的路径打开思路。思想政治教师从文化传承的角度，引导学生挖掘《唐宫夜宴》、特克斯不夜城等获得认可的原因，探究在当代如何更好地传承中华优秀传统文化，增强文化自信。

本篇章着眼于中华优秀传统文化的创造性转化、创新性发展，表达了传承和弘扬中华优秀传统文化的积极态度。语文教师和思想政治教师引导学生深入思考影响中华优秀传统文化的传承路径，使学生在思辨中达成共识，不仅知道为什么要传承中华优秀传统文化，而且知道怎样传承中华优秀传统文化，从而增强文化自信，铸牢中华民族共同体意识。

▶▶ 课后作业

结合本课所学内容，以"国风何以成潮"为话题，写一篇体现自己独特思考的作文，不少于800字。

▶▶ 课堂小结

本课通过语文教师和思想政治教师合作，带领学生分析国风何以成潮，从而引导学生正确认识中华优秀传统文化。

为《唐宫夜宴》写解说词和短评，不仅提升了学生的审美鉴赏和写作能力，而且让学生了解到要想增强文化自信，既要夯实中华优秀传统文化根基，薪火相传，代代守护，也要在日新月异的社会生活中与时俱进，促进中华优秀传统文化的创造性转化、创新性发展，还要跨越时空展示中华优秀传统文化的独特魅力，在交流互鉴中丰富中华优秀传统文化。

👤… 反思感悟

在跨学科主题教学中，从选题、构思到撰稿，我们密切合作、反复探讨、多次修改。在最初确立中华优秀传统文化这个主题时，我们感觉范围很大，不知道如何着手。在查找资料的过程中，我们偶然听到歌曲《国潮时代》，自然地联想到国风潮，于是逐步确定从探究国风成潮原因的角度来切入中华优秀传统文化。

初稿成形后，我们发现整个教学设计像大拼盘，缺乏内在逻辑。针对这一问题，我们反复切磋，决定以潮起、潮流、潮涨串起整个教学设计，进行情境创设，设置任务驱动。语文的核心素养是语言的建构与运用、思维的发展与提升、审美的鉴赏与创造、文化的传承与理解。初稿主要由思想政治教师撰写，语文学科的核心素养未能得到有效落实，缺乏语言的建构与运用。其实，这就是我们常说的没有"语文味"。设计跨学科主题教学时，应该从不同学科的特点出发进行融合。针对这一问题，我们将导入的材料换成学生感兴趣的图片和视频，把为舞蹈写解说词和短评作为抓手，展开关于中华优秀传统文化如何创新、传承的探讨，让学生手脑并用，提高表达、交流和合作探究能力，同时为思想政治教师探讨优秀传统文化的当代价值做铺垫。

本课教学设计从构思到成稿历时一年多，可以说每一次修改都是一次教学思想的蜕变。在这一过程中，我们懂得了借鉴其他学科的优势，在相互交融中共同进步。这并不是一个简单的"1+1"的拼接过程，而是需要两个学科的教师通力合作，在实现学科融合的同时又不失各学科原有特色，努力实现学科间的"和而不同"。

✎ 专家点评

学科交叉融合不仅是课堂教学的需要，而且是学科自身发展的需要。图灵奖得主姚期智曾指出："多学科交叉融合是信息技术发展的关键。当不同的学科、理论相互交叉结合，同时一种新技术达到成熟的时候，往往就会出现理论上的突破和技术上的创新。"课堂中的"生生互动""师生互动""师师互动"对于教学目标的达成具有不言而喻的促进作用。跨学科主题教学有利于发展学生核心素养，特别是实践创新素养。

本课设计思路清晰，语文学科和思想政治学科找到了正确认识中华优秀传统文化这个跨学科的点，围绕"国风何以成潮"，分三个篇章分析中华优秀传统文化的内容、特点、当代价值及传承路径。本课的素材选得比较典型，具有时代特色，有利于语文学科与思想政治学科的融合，也为更好地整合与拓展课程资源提供了更广、更多、更优质的思路。例如，舞蹈《唐宫夜宴》本身是对中华优秀传统文化的创造性转化与创新性发展。让学生欣赏、体验、感悟《唐宫夜宴》，学习给舞蹈写解说词和短评，既实现了语文学科的教学目标，又能让学生在写作过程中体会中华优秀传统文化的当代价值，探究传承路径，落实思想政治学科的核心素养培育要求。

每一堂课都有让人遗憾的地方，如本课中两位教师对课堂时间的分配、节奏的把控等有待改进，但是遗憾的艺术也能造就更美的艺术，会激励教师不断成长与进步。

（点评人：吴铁俊，特级教师）

16

三代兵团人　一脉兵团情[1]

课程标准

1. 运用马克思主义基本立场、观点和方法，观察事物，分析问题，做出科学的解释、正确的判断和合理的选择，勇于担当社会责任。[2]（思想政治）

2. 了解中国探索社会主义道路的伟大成就，了解和感悟这一时期中国人民艰苦奋斗、奋发图强的精神面貌。[3]（历史）

3. 体验音乐美感，领悟作品表现意图，感知作品的情绪、情感、意境、意志并产生共鸣，评价作品的社会功能。[4]（音乐）

教学立意

以思想政治、历史、音乐三科融合的形式讲述兵团历史，感悟兵团精神，铸牢中华民族共同体意识，增强推进中国式现代化的精神力量。

学习目标

1. 了解兵团精神产生的历史背景。

2. 赏析《凯歌进新疆》《兵团的心》等曲目，体会兵团精神的意义。

3. 理解兵团精神作为一种优秀文化对个人成长和社会发展的积极作用，自觉践行兵团精神，传承兵团精神。

教学策略

本课设置"《凯歌进新疆》——探索兵团历史""《戈壁滩上盖花园》——感悟兵团精神""《兵团的心》——传承兵团精神"三个篇章突破主题。

音乐与历史学科合作，通过情景剧《凯歌进新疆》导入新课，使学生了解《凯歌进新疆》的创作背景，知道兵团产生和发展的历史。

历史与思想政治学科合作，引导学生了解兵团精神的内涵，理解兵团精神的积极作用，自觉践行兵团精神，传承兵团精神。

思想政治与音乐学科合作，让学生共唱《兵团的心》，引导学生感悟兵团

1　设计者：蔡俊玲，可克达拉市镇江高级中学政治教师，教育部首批新时代中小学领军教师培养对象；王彤，可克达拉市镇江高级中学历史教师，兵团第四师可克达拉市教坛新秀；崔璟雯，可克达拉市镇江高级中学音乐教师，兵团第四师可克达拉市教坛新秀。

2　《普通高中思想政治课程标准（2017年版2020年修订）》，人民教育出版社，2020，第6、7页。

3　《普通高中历史课程标准（2017年版2020年修订）》，人民教育出版社，2020，第14、15页。

4　《普通高中音乐课程标准（2017年版2020年修订）》，人民教育出版社，2020，第7页。

人"献了青春献终身，献了终身献子孙"的无悔选择。

三科围绕"三代兵团人 一脉兵团情"自然衔接，融会贯通，从兵团精神作为一种优秀文化的角度，引导学生感悟"以信仰之光照亮前行之路，用如磐初心凝聚奋斗伟力"，深入理解兵团精神在兵团发展和个人成长中的重要意义，接续谱写兵团新的历史篇章。

▶▶ 教学重难点

重点：兵团音乐背后的故事和兵团精神的形成，兵团精神作为一种优秀文化的积极作用。

难点：自觉践行兵团精神的意识和能力。

▶▶ 教学设计

课堂导入 🔗

材料1 《凯歌进新疆》由王震将军作词，音乐家王洛宾谱曲。"白雪罩祁连，乌云盖山巅。草原秋风狂，凯歌进新疆。"这是一首气势磅礴的战歌，不仅描绘了王震率部冒着风雨严寒翻越祁连山的艰辛，也成为对新疆和平解放历史的特别记录。

《凯歌进新疆》乐谱

这首激情澎湃的兵团歌曲始终鼓舞着一代代兵团儿女。因为一支歌，他们远赴边疆，哪怕住地窝子、吃糠咽菜，也始终昂扬乐观。他们热爱祖国，无私奉献，艰苦创业，开拓进取，让理想变成现实，使昔日戈壁荒滩变成绿洲。

【任务驱动】

围绕"导入新课"的核心任务，设计以下问题链：

1. 结合所学乐理知识，视唱乐谱，演唱《凯歌进新疆》。

2. 感受《凯歌进新疆》表达的情绪和气势。

情景剧表演

【学生探究】

1. 学生结合情景剧，根据乐谱进行演唱。

2. 学生感受歌曲风格，体悟歌词内容，进行讨论表达。

《凯歌进新疆》令人激情澎湃，始终激励着兵团儿女奋勇向前。

【设计意图】

教师引导学生学习并了解《凯歌进新疆》的创作背景，培养学生的音乐素养及家国情怀；引导学生视唱歌曲，理解歌词内容，感受歌曲情绪。

教学过程 ⚙

篇章一　《凯歌进新疆》——探索兵团历史

【情境创设】

材料2　聂子怡祖孙三代大事记。

年份	家庭大事记
1949	爷爷聂德胜随王震将军入驻新疆
1951	奶奶吴梅芳报名参军，从湖南到了今乌鲁木齐
1952	爷爷奶奶结婚，那年，奶奶20岁，爷爷47岁
1953	两人调到了肖尔布拉克（今天的72团）。爷爷到山里剿匪，奶奶在家里开荒、挖大渠
1963	爷爷来到原察一场，即67团副业队，奶奶继续当保育员
1974	爸爸聂迪新毕业，分配到了新兵连工作
1980	爷爷去世，奶奶申请退休
1989	爸爸妈妈相识，一起在67团生活
2019	我考入可克达拉市镇江高级中学
2022	我考入南京邮电大学（对口援疆）

注：据聂子怡及其家人口述整理而成。

材料3　兵团发展大事记。

年份	兵团大事记
1949	新疆和平解放，物资奇缺
1950	解放军开展大生产运动，实现粮食大部分自给
1951	解放军将开垦的3.67万公顷耕地无偿赠给各族群众

年份	兵团大事记
1954	成立"中国人民解放军新疆军区生产建设兵团",开始正规化国营农牧团场建设,开始招收知识青年、支边青年和复员军人建设边疆
1966	兵团总人口达到 148.54 万,农场 158 个;兵团屯垦戍边事业受到严重破坏
1975	兵团建制被撤销
1981	恢复兵团建制,兵团二次创业
2010	全国对口支援新疆工作会议召开,中央和自治区把支持兵团建设提升到新的高度
2015	可克达拉市正式挂牌成立
2018	可克达拉市镇江高级中学正式招生办学

注:据国务院《新疆生产建设兵团的历史与发展》白皮书整理而成。

【任务驱动】

围绕"探索兵团历史"的核心任务,设置以下问题链:

1. 分析新疆生产建设兵团建立的原因。

2. 聂子怡应邀给大学同学讲兵团的历史,列出以下提纲,准备分时期阐述。请分析其历史时期划分的理由。

1949—1954年	创业奠基时期
1954—1957年	正规化时期
1957—1966年	大发展时期
1966—1980年	解体挫折时期
1980年至今	恢复奋进时期

【学生探究】

1. 学生根据表格提炼有效信息,进行概括总结。

要点:守卫新疆,维护国家的统一;开垦荒地,建设新疆的经济。

2. 学生根据历史学科常用的历史时期划分法,相互补充,从材料中提炼关键信息,在历史教师的引导下给出划分理由。

创业奠基时期:新疆和平解放,物资奇缺,军队主要负责治安维稳,开始开荒以满足自给。

正规化时期:1954 年兵团成立,有了建制和编制,也开始了"一五"计划。

大发展时期：很多支边青年、知识分子、转业战士，以及自发迁移的群众充实边疆，边疆经济和人口持续增长；创建众多边境团场，维护边境治安。

解体挫折时期："文化大革命"冲击了兵团的经济、文化、教育，兵团解体。

恢复奋进时期：改革开放，兵团及时调整策略，建立兵团城市。

【设计意图】

通过聂子怡祖孙三代人大事记与兵团大事记，教师引导学生熟悉兵团的发展历史，培养学生的时空观念。教师教学生学习提取史料、分析史料，培养学生的历史解释能力；引导学生把个人历史与国家历史联系起来，了解和感悟兵团人艰苦奋斗、奋发图强的精神面貌，树立正确的人生观、价值观。

篇章二　　《戈壁滩上盖花园》——感悟兵团精神

【情境创设】

材料 4　从王震将军率军拉动"军垦第一犁"，在戈壁滩上建起兵团第一座城市——石河子市，到最年轻的白杨市，兵团持续发展新型城镇化。一座座军垦新城在戈壁滩上崛起，带动新疆兵团经济高质量发展。目前，新疆兵团有12座城市，分别是第一师阿拉尔市、第二师铁门关市、第三师图木舒克市、第四师可克达拉市、第五师双河市、第六师五家渠市、第七师胡杨河市、第八师石河子市、第九师白杨市、第十师北屯市、第十三师新星市、第十四师昆玉市。

【任务驱动】

围绕"感悟兵团精神"的核心任务，设置以下问题链：

1. 从王震将军率军拉动"军垦第一犁"，到一座座军垦新城在戈壁滩上崛起，兵团人呈现了怎样的精神状态？

2. 从社会存在与社会意识辩证统一的角度，分析兵团人为什么会有这样的精神状态。

【学生探究】

1. 学生结合所学所想，高度概括。

兵团人热爱祖国、无私奉献、艰苦创业、开拓进取，这也是兵团精神的内核。

2. 学生在教师的引导下辩证思考，归纳总结。

社会存在决定社会意识，社会意识是对社会存在的反映。兵团人在兵团建设实践中孕育了热爱祖国、无私奉献、艰苦创业、开拓进取的兵团精神。兵团精神作为一种社会意识，是对兵团人在兵团开拓、建设过程中的精神状态的概

三代兵团人　一脉兵团情

括，是对社会存在的反映。这种兵团文化也是对兵团发展过程中经济、政治情况的浓缩和反映。

【设计意图】

通过对兵团成就的概括，教师引导学生了解孕育兵团精神的社会历史条件，认识兵团发展的不易和艰难，培养学生的唯物史观，增强学生对兵团文化的认同，坚定学生建设祖国的使命感。

篇章三　　《兵团的心》——传承兵团精神

环节一

【情境创设】

材料5　可中2022届毕业生聂子怡在大学录制的一段视频。

【任务驱动】

结合兵团三代人的成长和发展，从文化角度分析传承兵团精神的意义。

【学生探究】

学生观看视频，合作探究，归纳总结。

文化具有引领风尚、教育人民、服务社会、推动发展的功能。兵团精神的内核是热爱祖国、无私奉献、艰苦创业、开拓进取。中华民族在自强不息中创造了博大精深的文化，兵团精神作为对中华优秀文化的传承和创造，能为人们提供指引，是推动个人成长、兵团发展、国家繁荣振兴的力量源泉。

【设计意图】

在党的二十大报告中，习近平总书记特别强调"全面建设社会主义现代化国家，必须充分发挥亿万人民的创造伟力"，要求"不断巩固全国各族人民大团结，加强海内外中华儿女大团结，形成同心共圆中国梦的强大合力"，号召"为全面建设社会主义现代化国家、全面推进中华民族伟大复兴而团结奋斗"。学习贯彻兵团精神，有利于牢牢把握团结奋斗的时代要求，激发作为兵团第三代的学生心往一处想、劲往一处使的公共参与意识，助力中华民族的伟大复兴。

环节二

【情境创设】

材料6　《兵团的心》歌词。

> 大漠埋不了这颗心
> 流沙卷不走这颗心
> 天山的雪

天山的月

在作证我们一代代兵团的心

塞上秋风染白　染白了双鬓

扎根化作了红柳林

化作了红柳林

就是这样始终不渝

就是这样痴情不泯

不改不变　不移不悔

我　兵团的心

献了青春的这颗心

献了子孙的这颗心

边关的血

边关的魂

在验证我们一代代兵团的心

岁月长风吹走　吹走了浮尘

信念化作了胡杨林

化作了胡杨林

就是这样永不言弃

就是这样从不沉沦

不离不舍　不竭不灭

我　兵团的心

岁月长风吹走　吹走了浮尘

信念化作了胡杨林

化作了胡杨林

就是这样永不言弃

就是这样从不沉沦

不离不舍　不竭不灭

我　兵团的心

不离不舍　不竭不灭

我　兵团的心

【任务驱动】

围绕"传承兵团精神"的核心任务，设置以下问题：

在教师的带领下，有感情地演唱《兵团的心》。

【学生探究】

学生与教师以合唱的形式完成演唱，增进对歌曲背景的理解，感悟兵团人"献了青春献终身，献了终身献子孙"的无悔选择；在演唱过程中抒发感情，表达出歌曲的情绪，展现兵团人朝气蓬勃、奋发向上的精神面貌。

【设计意图】

学生在音乐情境中，能从整体上认知音乐艺术的音响特征和文化背景，感受不同体裁和形式的音乐作品的表现特征，提升审美感知能力，享受音乐实践活动的乐趣，学习音乐表现技能，增强艺术表达的自信。

▶▶ **课堂小结**

从聂德胜到聂子怡，一家三代，正是千千万万兵团人的缩影。我们每一次对兵团历史的回眸，都是对兵团精神的传承。作为矗立在西部大地的丰碑，兵团精神是对中华民族爱国主义精神的继承发展，是革命战争年代形成的红色精神的当代传承，是社会主义核心价值观的具体体现，具有丰富的时代内涵，闪烁着耀眼的光芒。我们要永葆艰苦创业的作风，一茬接着一茬干，一棒接着一棒跑，知重负重，攻坚克难，以赶考的清醒和坚定答好新时代的问卷；要保持开拓进取的精神，战胜前进道路上的一切风险挑战，努力创造无愧于党、无愧于人民、无愧于时代的业绩。

反思感悟

本课是以兵团精神为主线的思想政治、历史、音乐跨学科主题教学。

从思想政治学科实践来看，整体架构完整，但在具体问题的设计和衔接上需进一步润色和调整。例如，篇章二任务驱动中的第二个问题虽有助于历史学科知识的升华，但超出了高一学生的认知水平，难度偏高，相对突兀。

从历史学科实践来看，将聂子怡家庭的个体故事与整个兵团历史发展的洪流相结合，能以小见大。但史料的选取应尽可能具有代表性，如果能够增加兵团发展大事记 2018 年以来的史实，讲述今天兵团的发展成就，以今天兵团的成就凸显兵团精神的现代传承，会更有说服力。

从音乐学科实践来看，情景剧《凯歌进新疆》的表演若将道具的作用发挥好，效果更佳。师生共唱《兵团的心》，教学时长不够，并且有学生不能完整演唱全曲。

专家点评

本课整体上主题凸显，音乐、历史、思想政治三个学科衔接自然，课程有

探究·践履——跨学科主题教学设计

人、有情，最终实现了以理服人。

本课中，音乐课部分起到了承上启下的作用，很好地为思想政治、历史课做了铺垫，升华了课堂氛围，增强了学生的学习兴趣，同时培养了学生的参与和实践能力，增进了学生爱国和爱疆的感情，使整节课变得生动活泼。

历史课部分将聂子怡家的故事与整个兵团的历史发展相结合，以个人命运与时代脉搏相呼应，对本土资源利用到位。同时，问题设置能让学生联系和运用所学知识。

思想政治课部分起到了点睛作用，引导学生在一代又一代兵团人屯垦戍边、维稳戍边的实践中感悟兵团精神，了解孕育兵团精神的社会历史条件，培养唯物史观，增强对兵团文化的认同感，增强兵团学子建设边疆、助力实现中国式现代化的公共参与意识。

整体来看，本课对环节的具体推进可以做进一步的打磨，对如何在平时的课程中进行学科互动也可以继续展开探索，尝试更多的组合。

（点评人：李月琴，华东师范大学副教授；王富荣，新疆生产建设兵团高中思想政治教研员）

17 中华优秀传统文化新说——二十四节气[1]

▶▶ 课程标准

1. 体会中华文化的核心思想和人文精神，增强文化自信，理解、认同、热爱中华文化，继承、弘扬中华优秀传统文化；鉴赏文学作品，感受和体验文学作品的语言、形象和情感之美，能欣赏、鉴别和评价不同时代、不同风格的作品，具有正确的价值观、高尚的审美情趣和审美品位；关注、参与当代文化。[2] （语文）

2. 结合实例，说明地球运动的地理意义。[3] （地理）

▶▶ 教学立意

从中国传统文化中的二十四节气入手，引导学生在领略诗歌魅力的同时了解二十四节气的地理意义。诗歌能促进学生对地理知识的认识，地理学习能加深学生对诗歌的理解。学生的感性认识与理性思考并驾齐驱，在二十四节气与诗歌的交融中领略传统文化的智慧，感受语文、地理学科的独特魅力。

▶▶ 学习目标

1. 领悟二十四节气的精神内涵，从描绘二十四节气不同特点的诗歌中理解物候变化，体味中华优秀传统文化的丰富内涵。

2. 灵活运用地球运动的相关知识，初步形成从地理视角看待和分析问题的意识和能力，提升地理学科的综合思维能力，树立正确的人地协调观。

3. 发展跨学科理解力，获得语言建构与运用、审美鉴赏与创造、文化传承与理解、地理综合思维和人地协调观的提升；增强文化自信，理解、认同、热爱、继承与发扬中华优秀传统文化。

▶▶ 教学策略

本课设置"初探——二十四节气图文解读""品味——秋分冬至的探微索迹""实践——感悟新疆节气之魅力"三个篇章突破主题。

语文与地理学科合作，通过 2022 年北京冬奥会的二十四节气倒计时导入，引导学生分析冬奥文化符号并赏析诗歌，回顾地球运动知识，解读春分和夏至

———————————

1 设计者：李云，可克达拉市镇江高级中学地理教师，兵团第四师可克达拉市骨干教师；李艳秋，可克达拉市镇江高级中学语文教师。

2 《普通高中语文课程标准（2017 年版 2020 年修订）》，人民教育出版社，2020，第 6—7 页。

3 《普通高中地理课程标准（2017 年版 2020 年修订）》，人民教育出版社，2020，第 12 页。

产生的地理意义；在回顾秋分和冬至的天气特征的基础上理解诗歌和物候现象，引导学生选择适合的诗歌作为秋分、冬至的配文并设计相应的印章图形；充分调动学生积极性，从大美新疆的美景和物候现象入手，让学生进行简单的宣传设计，促使学生通过实践自觉成为中华优秀传统文化的继承者和传播者，自信地展示小组成果。

两科围绕"二十四节气"融会贯通，引导学生深入理解中华优秀传统文化的魅力，增强文化自信；利用地理学科知识了解世界，在情境中解决实际问题；增强社会责任感，主动承担起继承、传播中华优秀传统文化的责任。

▶▶ 教学重难点

重点：二十四节气的精神内涵、地球公转的地理意义，以及从语言文字和地理知识的角度认识二分二至日。

难点：将语文与地理学科的知识运用到实践中，提升审美鉴赏能力、文化传承意识与地理实践力。

▶▶ 教学设计

课堂导入 🔗

材料1 北京冬奥会开幕式倒计时视频。[1]

2022年北京冬奥会"中国式浪漫"美学——二十四节气倒计时惊艳了世界。从雨水到立春，一张张图片，一句句诗歌，向全世界展示了中国文化的典雅与深厚。二十四节气代表着一年的时光轮回，蕴含着丰富的文化内涵和历史积淀。立春之日，冬奥会开幕，也寓意着各国朋友共同迎接一个新的春天。今天，我们也以一种全新的形式来解读充满魅力的二十四节气中的春分、秋分、夏至、冬至。

【设计意图】

教师以冬奥会倒计时视频为切入口，旨在培养学生的观察力和感悟力。教师可以通过视频，带领学生以小见大地展开对文化内涵和地理知识的思考探究，锻炼学生的文学理解力及地理思维，使学生认识到传统文化符号在生活中无处不在，更加直观地感受到中华优秀传统文化的魅力和先人的智慧，增强文化认同感和民族自豪感。

---

1 《［冬奥会］开幕式：正逢立春时 中国24节气串起倒计时》，https://2022.cctv.cn/2022/02/04/VIDEq7AvPwcVOoqBDukhPgFq220204.shtml，访问日期：2024年3月20日。

篇章一　　初探——二十四节气图文解读

【任务驱动】

材料2　2022年北京冬奥会开幕式倒计时视频截图。

图①

图②

图③

图④

材料3　节气与代表诗歌。

节气	代表诗歌
春分	春风如贵客，一到便繁华
清明	清明时节雨纷纷
谷雨	风吹雨洗一城花
立夏	天地始交，万物并秀
小满	物至于此，小得盈满
芒种	家家麦饭美，处处菱歌长
夏至	绿筠尚含粉，圆荷始散芳

注：据2022年北京冬奥会开幕式倒计时视频整理而成。

【任务驱动】

在 2022 年北京冬奥会开幕式倒计时视频中，每个节气都配有诗歌。作为志愿者代表，请思考如何向其他国家的青年解释选择当前诗歌代表春分和夏至的原因。与组员进行讨论，选一人做代表进行汇报。

1. 探究春分这一天的地理意义。

2. 揣摩诗人看到了春分之后怎样的景象变化写下了"春风如贵客，一到便繁华"。

3. 代表春分的诗歌有很多，为什么冬奥会开幕式倒计时选择了"春风如贵客，一到便繁华"这一句？有什么弦外之音吗？

4. 韦应物《夏至避暑北池》："昼晷已云极，宵漏自此长。未及施政教，所忧变炎凉。"[1] 请分析诗句包含什么地理知识。

5. 为什么"绿筠尚含粉，圆荷始散芳"能够代表夏至日？有何引申意义？

【学生探究】

1. 学生合作探究，总结概括。

春分意味着太阳直射赤道，这一天全球昼夜等长，正午太阳高度角由赤道向南北两极递减。过了这一天，太阳直射点向北半球移动，北半球白昼渐长，夜晚渐短，因而获得的热量越来越多，进入夏半年。

2. 学生从春分的物候现象联系生活经验，揣摩春分时可能见到的景象。

春分时节，气温回升。大自然褪去了雪被，肆意地挥发着压抑了一整个冬天的生命力。最早迁徙的候鸟也已经到来。人们脱下厚重的冬衣，感受着万物生发的轻盈和惬意。

3. 学生从春分的文化内涵进行拓展、延伸。

春分是春天具体的开端。我们看得到，也感受得到。一天比一天更早的日出，空气中扑面而来的湿润的泥土的味道，柳树梢头遥看有近却无的绿意，以及使劲钻出泥土的小草，都在宣告着春天的到来。中国是礼仪之邦，冬奥会各国来宾都是贵客。"有朋自远方来，不亦乐乎？"中国始终保持开放的心态欢迎全世界友人的到来，"繁华"二字也代表了对世界和中国的美好祝愿。

4. 学生运用已有的语文知识解读韦应物的《夏至避暑北池》，并说明有关夏至的地理知识。

晷：观测日影以定时间的工具。极：极限。宵：夜晚。漏：漏壶，古代一种计时的装置。施：实施。炎凉：气候的冷暖。诗句大意：夏至这天，日晷所测得的白昼时间已经到了极限，从此以后，漏壶所计的夜晚时间渐渐加长。还

1　周振甫：《唐诗宋词元曲全集　全唐诗》第 4 册，黄山书社，1999，第 1352 页。

没来得及实施自己的计划，就已经开始忧虑气候变化、冷暖交替了。

地理知识：日晷所测得白昼的时间到了极限，意味着这一天太阳直射北回归线，北半球白昼最长，黑夜最短。过了这一天，白昼渐短，黑夜渐长。如诗中所讲，随着太阳直射点的南移，夜晚开始变长，北半球获得的太阳辐射的热量逐渐减少。

5. 学生解读诗歌，感受其对冬奥会美好内涵的映照，进行链接与引申。

原因：夏至是每年的 6 月 22 日左右，此时我国进入一年中的盛夏时节。竹子刚生出的竹节还带有嫩粉，而圆圆的荷叶开始散发芳香。竹与荷都给人夏日清凉之感。

引申意义：正在生长拔节的竹犹如正在发展的中国，不曾停滞，坚毅顽强。盛开的荷花如同正在开幕的北京冬奥会，准备好将自己最美的样子展现给世人。

【设计意图】

教师通过运用地球运动的相关知识解释诗歌所蕴含的地理意义，锻炼学生的跨学科综合思维能力，引导学生加强区域认知，在了解诗歌文化内涵的同时树立正确的人地协调观，形成健康向上的审美情趣，使学生提升鉴赏品位，拓宽文化视野，增强文化自觉。

篇章二　　品味——秋分冬至的探微索迹

【情境创设】

材料 4　节气与代表诗歌。

秋分：

① 山明水净夜来霜，数树深红出浅黄。[1]（唐·刘禹锡《秋词二首》）

② 燕将明日去，秋向此时分。[2]（清·柴静仪《秋分日忆用济》）

③ 金气秋分，风清露冷秋期半。[3]（宋·谢逸《点绛唇·金气秋分》）

冬至：

① 天时人事日相催，冬至阳生春又来。[4]（唐·杜甫《小至》）

② 三峡南宾城最远，一年冬至夜偏长。[5]（唐·白居易《冬至夜》）

③ 冬至至后日初长，远在剑南思洛阳。[6]（唐·杜甫《至后》）

1　刘兰英等：《中国古代文学词典》第五卷，广西教育出版社，1989，第 57 页。
2　周墨涵、文甬：《跟着二十四节气过日子》，农村读物出版社，2019，第 95 页。
3　周振甫：《唐诗宋词元曲全集　唐宋全词》第 2 册，黄山书社，1999，第 638 页。
4　栗元周、叶青竹：《细说二十四节气》，北京燕山出版社，2016，第 197 页。
5　周振甫：《唐诗宋词元曲全集　全唐诗》第 8 册，黄山书社，1999，第 3209 页。
6　周振甫：《唐诗宋词元曲全集　全唐诗》第 5 册，黄山书社，1999，第 1662 页。

材料5 2022年北京冬奥会开幕式倒计时视频截图。

图① 图②

材料6 众所周知，二十四个节气分布在十二个月，每个节气前后约十五天。其中，五天为"一候"，"三候"为一个节气，所以一个节气又被称为"三候"。我国古代劳动人民根据当时的气候特征和一些特殊现象，又给每个节气的"三候"分别起了名字，用来简洁明了地表示当时的天气特点。

秋分：一候雷始收声；二候蛰虫坏户；三候水始涸。古人认为雷因阳气盛而发声，秋分后阴气开始旺盛，所以不再打雷了。

冬至：一候蚯蚓结；二候麋角解；三候水泉动。传说蚯蚓是阴曲阳伸的生物。一候时阳气虽已生长，但阴气仍然十分强盛，土中的蚯蚓仍然蜷缩着身体。麋与鹿同科，却阴阳不同。古人认为麋的角朝后生，所以为阴，而冬至一阳生，麋感阴气渐退而解角。阳气初生，此时山中的泉水也开始流动。

【任务驱动】

亚运会不仅是体育竞技的盛会，而且是文化交流传播的重要途径。为宣传中国文化，2023年杭州亚运会主办方计划设计二十四节气印章作为隐藏惊喜，供运动员们收集留念。你作为设计组的一员，需要完成以下任务：

1. 品读材料4，理解诗歌所绘之景或所达之意。

2. 结合材料和所学知识，为秋分、冬至设计印章图案，并从地理意义和文化内涵两个角度向外国运动员说明设计理念。

【学生探究】

1. 学生在语文教师的引导下品读诗歌，分成秋分组和冬至组进行探讨。

"山明水净夜来霜，数树深红出浅黄"：秋天到了，山明水净，夜晚开始降下白霜，满树的枝叶已经有红有黄。

"燕将明日去，秋向此时分"：明天燕子将要飞往更温暖的地方，此时正是秋分。

"金气秋分，风清露冷秋期半"：美丽的秋季过半，已到了风露渐冷的秋分时节。

"天时人事日相催，冬至阳生春又来"：自然节气和人世间事逐日相催，冬至一到，阳气初动，春天也就快来了。

"三峡南宾城最远，一年冬至夜偏长"：南宾在三峡地区最南端，至夜是一年最长的夜晚。

"冬至至后日初长，远在剑南思洛阳"：冬至之后，白天渐长而黑夜渐短，我在遥远的成都思念洛阳。

2. 学生分组合作，在品读诗歌的基础上发挥创造力，进行印章设计并展示成果。

示例1：秋分。

地理意义：秋分时太阳直射赤道，昼夜均分，寒暑相平。秋分之后，北半球昼渐短夜渐长。太阳直射点运动到南半球，北半球的热量越来越少，气温逐渐降低。

文化内涵：秋分到来之时天气转凉，树叶也开始变得红黄不一，且正值一年的丰收之际。秋分时的昼夜平分，象征着体育精神的灵魂——公平。秋分与丰收的关系也寓意体育健儿顽强拼搏，取得运动生涯的大丰收。

金气秋分，风清露冷秋期半

示例2：冬至。

地理意义：冬至日这天，北半球白昼最短，黑夜最长。冬至过后，北半球白昼渐渐变长，黑夜开始变短。太阳直射点向北半球运动，北半球的热量渐渐增多。

文化内涵：随着冬至的到来，昼渐长，夜渐短。春天的脚步越来越近，大自然带来蓬勃的生命力。在盛大的亚运会得以顺利举行的这一年，全人类共同度过三年"寒冬"。黑暗消散，日光渐长，寓意着来日之路光明灿烂。

天时人事日相催，冬至阳生春又来

【设计意图】

教师通过情境创设，在解读文本的基础上帮助学生理解地球运动地理意义，引导学生将地理知识运用在生活中，落实地理实践力，使学生在学习活动的过程中逐步掌握创造美、表现美的方法，提升审美鉴赏与创造的能力。

篇章三　　实践——感悟新疆节气之魅力

【情境创设】

受益于自媒体的宣传，2023 年新疆旅游业迎来了前所未有的火爆，伊犁河谷地区更是靠美丽的景色成功"出圈"，成为热门旅游地。

【任务驱动】

请结合二十四节气的物候现象，选择你最喜欢的新疆景点，用照片、文字、绘画等方式进行介绍。

【学生探究】

学生积极参与，通过多种形式进行展示。

示例 1：小暑时的恰西草原。

恰西草原风光（一）　　　　　　　恰西草原风光（二）

大家好，我们组用照片的方式向大家介绍小暑时节位于新疆伊犁巩留县的恰西草原。小暑有"三候"，一候温风至，二候蟋蟀居宇，三候鹰始鸷。

七月的恰西草原上吹来温热的风，大地上不再带有凉气。鹰在空中翱翔，逃离温热的地面，在空中伺机捕食猎物。天空高远，草原辽阔，人们的心情也会随着这壮美的景色而放松。这是我最喜爱的节气和景色。

中华优秀传统文化新说——二十四节气

示例2：立冬时的天山。

大家好，我们组用绘画的方式介绍立冬时节的天山山脉。

立冬有"三候"，一候水始冰，二候地始冻，三候雉入大水为蜃。流水结冰，大地封冻，这两候直观地表现了立冬前后的天气变化。此时天山山脉山顶积雪，河流冰封，银装素裹，变得庄严肃穆。这就是西北的冬天最常见的景色。

天山风光

【设计意图】

通过发散实践，发掘中华优秀传统文化在现实生活中的意义，激发学生观察生活的兴趣。让学生在实践中体味地理知识的奥秘，激发学习兴趣，提升区域认知能力，树立正确的人地协调观；在创作与运用的过程中获得直觉思维、形象思维、逻辑思维的发展，促进学生敏捷性、独创性等思维品质的提升。

▶▶ 课堂小结

中华优秀传统文化里有如同清风扑面的感性表达，也有闪耀着智慧光芒的理性认知。每当在先贤那里为疑惑寻到答案，我们都不禁感叹：中华文化博大精深，源远流长！今天，我们以全新的形式解读二十四节气，在领略二分二至日文化魅力的同时也被古人的无穷智慧折服。中华优秀传统文化是取之不尽的精神宝库，为我们提供源源不断的精神养料。希望同学们在未来的学习生活中发展跨学科思维，理论联系实际，在学习知识的同时充分感受文化的魅力，自觉成为中华优秀传统文化的守护者和传承者。最后，让我们借李白的一首诗结束今天的课程："今人不见古时月，今月曾经照古人。古人今人若流水，共看明月皆如此。唯愿当歌对酒时，月光长照金樽里。"[1]

👤 反思感悟

文化认同与文化自信：本课对刚步入高中的学生来说难度适中，启发性强，可以引导学生思考中华优秀传统文化的深刻内涵与生活意义，从而加强其文化认同和文化自信。

跨学科思维：跨学科主题教学可以拓宽视野、锻炼思维，最终使学生形成属于自己的知识网。学科和学科之间，过去的知识和现在的知识之间，都有着

1　傅国涌：《寻找语文之美》上，鹭江出版社，2017，第101页。

各种各样的联系。不再孤立地思考，是跨学科主题教学的重要意义。本课旨在给高一学生埋下跨学科思维的种子，引导学生积极将所学知识融合起来，应用到日常生活学习和思考感悟中去。

本课引导学生通过理解诗歌、解读地理知识来实现以中华民族共同体意识培育为主题的课外知识融合，是国家教材学科课程的延伸。这样的跨学科主题教学如果能长效实施，一定能系统性地提升学生的跨学科思维，加深学生对中华优秀传统文化的热爱，使学生自觉成为中华优秀传统文化的守护者、传承者。

专家点评

无论是从历史的角度还是从现实的角度出发，我们都会发现，人类与外部世界的关系是相互塑造的关系。二十四节气植根于古老的农耕文明，深刻影响着国人的生产与生活，甚至成为中华优秀传统文化的一个载体，一种象征。本课教师选取深受青年学子关注的奥运会、亚运会这样的体育竞技与健康生活题材，创设了生动直观的教学情境。由此而延展，地理学科探二十四节气之变，追问自然的本质；语文学科赏二十四节气之境，体悟文学的美感。小小一节课，主观与客观相融，理性与感性碰撞，人文与自然兼修，其基于融通的设计匠心令人赞叹。

进一步地，教师将师生生长于斯的新疆作为生活中的情境，呈现到课堂之中。家国情怀，并非空乏的"大词"，也不是遥不可及的"远方"。祖国，是文化的乡土，是每个人、每个家庭和不同地域汇聚而成、呈现多元一体文化价值的同心圆。我们所站立的地方，就是我们的祖国。我们在祖国之中，祖国始终在我们心中。

学习不是目的，行动创造价值。教育，始于文化传承，指向未来创造。要在历史方位中，领略中华优秀传统文化之精神；在地理格局里，感知先民生产与生活中的智慧；在诗歌意境中，欣赏基于文化的审美表达。求真与善美，在学科融合的课堂中探寻，在师生的丰富体验中生成。

（点评人：李代贵，正高级教师、特级教师）

18   # 时代变迁中的明星企业伊力特[1]

▶▶ 课程标准

1. 运用马克思主义基本立场、观点和方法，观察事物，分析问题，做出科学的解释、正确的判断和合理的选择，勇于担当社会责任。[2]（思想政治）

2. 理解中国探索社会主义道路的伟大成就，了解和感悟这一时期中国人民艰苦奋斗、奋发图强的精神面貌。[3]（历史）

3. 认识化学科学与技术进步和社会发展的关系，培养社会责任感和创新能力。[4]（化学）

▶▶ 教学立意

以思想政治、历史、化学三科融合的形式研究兵团明星企业伊力特，从伊力特的历史和发展中汲取现实的力量，厚植乡土情怀和爱国主义情怀，为社会主义现代化建设培养合格的建设者和可靠的接班人。

▶▶ 学习目标

1. 了解伊力特的发展历史。

2. 学习伊力特古法酿酒的工艺，培养化学学习兴趣。

3. 了解伊力特的经营秘诀及其为维稳成边作出的贡献，理解兵团文化对个人成长和社会发展的积极作用，增强对兵团文化的认同。

4. 培养分析探究问题的科学精神素养，涵养家国情怀。

▶▶ 教学策略

本课设置"峥嵘岁月显豪情——伊力特的前世""千帆竞渡数风流——伊力特的今生""再踏层峰辟新天——伊力特的未来"三个篇章突破主题。

历史与化学学科合作，通过分享创建伊力特的背后故事，使学生知道伊力特的过去和酿酒技术的重要性，感悟兵团人的艰苦奋斗。

化学与思想政治学科合作，使学生了解伊力特的技术革新，体会兵团明星

---

1 设计者：王彤，可克达拉市镇江高级中学历史教师，兵团第四师可克达拉市教坛新秀；蔡俊玲，可克达拉市镇江高级中学政治教师，教育部首批新时代中小学领军教师培养对象；郭伟，可克达拉市镇江高级中学化学教师。

2 《普通高中思想政治课程标准（2017 年版 2020 年修订）》，人民教育出版社，2020，第 6、7 页。

3 《普通高中历史课程标准（2017 年版 2020 年修订）》，人民教育出版社，2020，第 14、15 页。

4 《普通高中化学课程标准（2017 年版 2020 年修订）》，人民教育出版社，2020，第 5、6 页。

企业伊力特的经营秘诀，理解优秀文化对技术创新的促进作用，提升建设兵团和建设祖国的责任感和使命感。

历史与思想政治学科合作，概括伊力特的发展趋势，总结伊力特的成功秘诀和伊力特为维稳成边作出的贡献，引导学生感悟今天的成就来之不易，树立对兵团和祖国的信心，增强对兵团企业别样使命和担当的感悟。

三科围绕"时代变迁中的明星企业伊力特"自然衔接，融会贯通，培养学生分析探究问题的科学精神素养，增强对兵团文化的认同，提升建设兵团和建设祖国的责任感和使命感。

▶▶ **教学重难点**

重点：酿酒的化学方程式，企业的经营秘诀。

难点：运用马克思主义基本观点和方法分析问题。

▶▶ **教学设计**

课堂导入 🔗

材料1 伊力特全称是新疆伊力特实业股份有限公司，注册地址是新疆可克达拉市天山北路619号。伊力特是国有企业，第四师国资委是伊力特的实际控制人。伊力特是兵团第四师旗下唯一的主板上市公司，上市时间是1999年。伊力特是一家以酒业为主、多元发展的兵团一类二级企业。

伊力特公司（一）

伊力特公司（二）

【设计意图】

叶圣陶先生曾言："胸有境，入境始于亲。"教师通过课前调查和课上成果展示，营造入境的课堂氛围，培养学生坚持真理、实事求是的科学精神，提升学生公共参与的意识和能力，同时为接下来跨学科授课的推进做好铺垫。

篇章一　　峥嵘岁月显豪情——伊力特的前世

环节一：分享伊力特创建背后的故事
【情境创设】

材料2　王震、王恩茂两位将军率领的二军五师十三团（72团前身）征战疆场，历经百战。他们还未来得及休整，又奉命进军大西北，于1949年9月抵达青海省大通河。大通河渡口只有一只渡船，部队决定全副武装徒步渡河。9月的大通河河水冰冷刺骨，水流湍急。为了御寒，部队给每个班发了小半军用壶的白酒，充其量每人只能喝上两小口。身着单衣的战士们下水后手挽着手，一寸寸地向前挪动。好不容易行至河中心，狂风骤起，暴雨倾盆，杏子般大小的冰雹铺天盖地地打下来。渡河的战士眼睛都睁不开，手拉手组成三道人墙。人墙被冲开一道决口，26名战士未能到达彼岸……部队行至祁连山，战士们被眼前的惨状惊呆了：前卫生队14团的战士整班甚至整排冻僵在路旁。尽管出发前每个班也发了酒，尽管干粮袋里也装了一些干粮，但终因疲劳至极，体力不支，这些想坐下来休息一下的战士再也没能站起来。[1]

材料3　20世纪50年代初期，肖尔布拉克冷得邪乎，平地里积雪没过膝盖，气温在零下三四十度是家常便饭。为了开荒造田，引水灌溉，开发和建设肖尔布拉克，战士们头顶星星上工，脚踏月色回营。白天，战士们挥锹抡镐干得火热，一到夜晚，从工地回到四壁透风的地窝子里，毡筒冻在脚上脱不下来，只好互相用棒子敲一阵，再互相帮忙拉下来，然后赶紧钻进被窝。在这种情况下，战士们想到了传统的御寒方式——喝酒。[2]

材料4　伊力特创建期的图片。[3]

伊力特的创建期（一）　　　　伊力特的创建期（二）

1　参见新疆伊力特实业股份有限公司网站的散文《第一锅》。
2　参见新疆伊力特实业股份有限公司网站的散文《第一锅》。
3　整理自新疆伊力特实业股份有限公司网站展示的品牌历史，参见 http://www.xjyilite.com/plus/view.php?aid=79，访问日期：2024年3月20日。

【任务驱动】

围绕"伊力特的前世"的核心任务，设置以下问题链：

1. 根据故事，概括创建伊力特的原因。

2. 从伊力特的创建过程中，你感受到兵团人的哪些优秀品质？

【学生探究】

1. 学生从分享的故事自主探究，概括要点。

要点：条件艰苦，御寒解乏，粮食增收，建设新疆。

2. 学生根据所听所看，分享自己的感悟。

要点：艰苦奋斗，不怕困难，积极向上，乐观豁达。

【设计意图】

教师通过分享创建伊力特的故事，培养学生的时空观念；通过对故事的提取分析，培养学生的历史解释能力，同时引导学生感悟这一时期中国人民艰苦奋斗、奋发图强的精神面貌，增强学生身为兵团人的自豪感。

环节二：介绍伊力特的酿酒工艺流程

【情境创设】

材料5　伊力特传统纯粮固态酿酒工艺流程。

酿酒步骤	选料	浸泡	蒸煮	打量水、堆积	降温、加曲	入窖池发酵	蒸馏	取酒、窖藏	勾兑
具体措施	高粱70%、玉米10%、大米10%、小麦5%、豌豆5%	原料充分浸润	把浸泡后的原料混合均匀，进行蒸煮	加水做到让原料吃水透彻并堆积，便于糖化	堆积时间到后，降温至30—35℃，加曲并搅拌均匀	发酵温度保持28—38℃，最高不超过40℃，发酵期一般在2—3个月	蒸馏过程中，蒸汽要均匀	取酒在常温下，避光、密封保存于酒海中	将不同酒质批次、生产时间的酒进行勾兑

【任务驱动】

围绕"伊力特的酿酒工艺流程"的核心任务，设置以下问题链：

1. 根据材料5，结合所学化学知识，分析酿酒过程中的化学反应。

2. 写出酿酒过程中发生的主要化学反应的化学方程式。

【学生探究】

1. 学生根据酿酒工艺流程的物质变化反应，推导探究，得出结论。

酿酒过程中，淀粉的糖化、酒醅的发酵都是化学反应。

2. 学生根据化学教师的引导，提炼化学物质，推导化学方程式。

$(C_6H_{10}O_5)$ n（淀粉）$+nH_2O \rightarrow nC_6H_{12}O_6$（葡萄糖）

$C_6H_{12}O_6$（葡萄糖）$\rightarrow 2C_2H_5OH$（乙醇）$+2CO_2 \cdots\cdots$

【设计意图】

教师通过引导学生分析酿酒工艺流程，培养学生学习化学的兴趣，也让学生认识到化学与生产生活有着密切的关系，进而更有热情地学习化学科学，立志应用化学技术造福人类。

篇章二　千帆竞渡数风流——伊力特的今生

【情境创设】

材料6　伊力特公司的经营发展历史。

时间	伊力特发展大事件
1992年	酿酒三厂建成，与此同时热电厂、伊力特大酒店、印务公司、野生果开发公司、玻璃制品有限公司等辅助性企业相继成立
1999年	改制上市，从计划经济时代跨越到了市场经济时代，随之从单一品种向多样化、系列化、高档化发展
2002年	公司的"伊力"商标被认定为中国驰名商标，这是自治区第二个、兵团首个中国驰名商标
2019年	划拨558万元为72团红军团消防支队购买消防车，修建训练场地
2021年	1月，公司总部迁入新址办公，伊力特以全新面貌迈进二次创业的崭新历史阶段。5月，酿酒分厂搬迁技术技改项目酿酒班组、全自动化酿酒班组相继投入生产，传统手工架式晾床被智能机械取代
2022年	伊力特白酒酿造技术与品质提升实验室入选兵团重点实验室，共投资1200万元。实验室长期与高校及科研院所合作，建立产学研实验示范基地
2023年	6月，伊力特印务有限责任公司荣获兵团"维稳戍边劳动奖状"称号。8月，CBA夏季联赛伊力特杯举行。10月，伊力特酒文化产业园国家工业旅游示范基地授牌仪式在和田举行，荣获第四师可克达拉市"爱国拥军模范单位"称号。为67团边境管控提供资金和物品，包括捐赠封闭式空调电动巡逻车和巡逻警车

注：据新疆伊力特实业股份有限公司网站相关介绍整理而成。

【任务驱动】

围绕探索"伊力特的今生"的核心任务，设置以下问题链：

1. 分析伊力特从创建到发展的历史，说明伊力特的发展呈现了哪些趋势。

2. 总结伊力特的经营秘诀。

3. 概括伊力特的贡献。

【学生探究】

1. 学生解读材料，在历史教师的引导下捕捉材料中具体事例的上位概念，如经济体制、营销规模、酿酒方式等，根据其前后变化提炼信息。

从计划经济走向市场经济；从传统计划管理体制走向现代管理的上市企业；从农场小作坊到现代化股份制企业；从传统土法酿酒到科学全自动化酿造；从产品输出转变为品牌输出，不断提高自主品牌科研创新能力；从单一酿酒企业到以酿酒为主集包装、印刷、制瓶、纯净水等于一体的多元综合性企业集团。

2. 学生根据材料相互探讨，结合教师的启发补充进行总结。

（1）制定了正确的经营战略，顺应了时代发展潮流，坚持以"英雄文化"为魂，积极吸收和借鉴文化建设的新成果；（2）不断提高自主创新能力，始终坚持"自我发展，自主创新，自有品牌"的发展思路，把掌握白酒核心技术作为企业立足之本，专注于白酒核心技术的研发工作，依靠科技进步、科学管理等手段形成了自己的竞争优势；（3）诚信经营，发扬"诚实守信、追求卓越、决胜未来"的企业精神，持续深入推动品牌的建设和传播，树立了良好的企业形象。

3. 学生自主探究，归纳概括。

要点：展现和发扬工匠精神；壮大综合实力，夯实维稳成边的基础；全面深化改革，为边疆企业改革发展提供范例；推动融合发展，成果惠及兵地各族群众。

【设计意图】

对伊力特发展趋势的概括能培养学生的时空观念和家国情怀，引导学生理解伊力特的发展契合了改革开放政策，感悟兵团企业发展之不易，厚植乡土情怀。对兵团明星企业经营秘诀的分析能培养学生的公共参与意识和分析探究能力，使学生深入认识学习科学文化知识的重要性。分析伊力特遵守"卓越品质、超值服务、用户至上、义利共生"的经营宗旨和"诚实守信、追求卓越、决胜未来"的企业精神，能培养学生的诚信意识和善于抓住机遇努力拼搏的意识。探讨伊力特为维稳成边所作的贡献能增强学生对兵团企业别样使命和担当的感悟、对兵团企业文化和兵团文化的认同，提升学生建设兵团和建设祖国的责任感和使命感，培养学生的家国情怀。

【情境创设】

展示伊力特的产品。

【任务驱动】

围绕"伊力特的未来"的核心任务，设置以下问题链：

1. 为伊力特的一款产品拍一段宣传视频。

2. 给伊力特的未来发展建言献策。

【学生探究】

1. 学生分小组自主合作，完成视频脚本编写后进行拍摄。

制片人1名，负责管理整个拍摄团队；导演1名，负责整个宣传片的拍摄；剪辑师1名，负责剪辑并整合素材；剪辑助理2名，协助剪辑师工作；配音师2名，负责配音；脚本2人，负责文字脚本的创作与修改。

示例1：她从井冈山走来（配井冈山革命根据地相关图片），

她见证了无数支边青年的激情岁月（配支边相关照片），

她分享一代军垦战士的光荣与梦想（配解放新疆时王震将军的照片和激昂的音乐），

她传承了中国革命的红色基因（配伊力特产业园照片），

她就是×××（配伊力特产品图片）。

示例2：一滴天山水（配天山雪融水和巩乃斯河照片），

一粒河谷粮（配团场粮食秋收场景），

一方西域土（配新疆的空间位置地图和伊犁自然环境照片），

一杯英雄酒（配伊力特产品图片），

原料，用本色印证初心不改（配伊力特"第一锅"相关照片）；

窖藏，用时间见证革命传承（配伊力特产业园局部及全景照片）。

2. 学生结合材料，联系现实，进行总结提炼。

关注科技发展现状，增强自主研发和核心技术突破与创新能力，积极将最新科研成果转化为现实生产力；注重企业文化建设，持续深入推动品牌的建设和传播；坚守诚信合法经营；将企业经济效益和社会效益统一起来；推动产品多样化、层级化，适应市场不同人群需求；加强企业品牌宣传，加强与援疆地区的交流交融，推动产品走向更大的市场；推进企业经营由单一向多元化深入发展，推动企业向酿酒、金融、服务等行业延伸，实现综合发展。

【设计意图】

教师布置拍摄宣传视频的任务，深化学生对伊力特的认识，培养学生的历史解释能力，引导学生关注时代、关注社会，自觉将个人生涯规划与时代发展需要结合起来，"润物细无声"地培养学生的家国情怀和时代责任感。

▶▶ 课堂小结

伊力特企业的前世，是革命先辈不怕吃苦、甘于奉献，在艰苦卓绝的环境中唱出的自强不息的赞歌。酒中回荡着英雄的将士对兵团的深情，对祖国的热爱。美酒犒劳了英勇的垦荒战士，缓解了他们疲惫的身心，慰藉了他们对家乡的深深思念。

伊力特企业的今生，是从计划经济走向市场竞争，从传统企业走向上市企业的现代管理蝶变之路。伊力特完成了从土法酿酒到科学酿造的华丽蜕变，锻造了四师民族工业的脊梁，成为新疆民族酒业的传承者、创新者、推动者、引领者。

时代变迁中的伊力特振奋着今天的兵团人接力坚守英雄的事业，发扬先辈的精神，为中国式现代化贡献兵团智慧。

反思感悟

本课作为以伊力特的发展为主线的思想政治、历史、化学跨学科主题教学，注重学生的实际状况，课前精心设计问题情境，课上通过协作、讨论、课堂展示等方式促成教学目标的实现。

从思想政治学科实践来看，整体架构完整，但在具体问题的设计和衔接上需进一步润色和调整。例如，篇章二任务驱动中的第二个问题有助于学生综合探究能力的培养和锻炼，但对高中阶段学生来说难度偏高，可做适当的铺垫。

从历史学科实践来看，学生在整理资料、提取资料的过程中需要更多指导。宣传视频的拍摄需要小组合作，实践中要用到信息技术等学科的知识，耗时较长。不过这样的任务使学生收获颇多，且学生比较感兴趣。

从化学学科实践来看，化学部分起到了承上启下的作用，很好地为思想政治课和历史课做了铺垫，提高了学生的学习兴趣，同时培养了学生的参与和实践能力，使整节课变得更加鲜活。

专家点评

历史与文化的层累，如此丰富，现实与未来的发生，那样复杂，既不可能尽收个体之人的眼底与心间，也不可能全部在课堂与教学中呈现。高度浓缩，精心选择，是基础课程的应有之义。教科书不是学生世界的全部，世界才是他们的教科书。我们不能以一味地追求学习内容的确定性来应对学生未来的不确定性。内容是基础，能力是关键，素养与价值才是学习的本质。学习基于知识，但终归要走出知识与知识教学的丛林。

在本课的设计与教学中，教师以所在地域的知名企业为例，从历史维度讲述创业与传承的故事，从化学角度解读关键工艺，从思想政治层面认识成功与价值创造。以此为前提，联系进疆、援疆和共建更美好新疆，把地域、历史、文化和作为在场的"我们"全部融入课堂。教室的门窗和墙壁，阻隔不了无处不在的探寻和求知。本课带给我的总体观感是：历史不远，化学不玄，思想政治不空。

肖尔布拉克的咸泉由于人的神工，变得可以亲近，甚至化身甘泉或美酒，这正是人类创造的历史、学科的力量。商品，演绎成为故事的讲述者，在意义的感知中呈现文化价值。生活的情境是基础课程的原点，也是归宿。

（点评人：李代贵，正高级教师、特级教师）